VANESSA BESNARD

PARIS
À CHACUN SON RESTO

120 ADRESSES POUR INVITER SANS SE TROMPER

PARIGRAMME

À Max

N'hésitez pas à nous écrire : **parigramme@parigramme.fr**

Pour tous les goûts !

Bistrots, brasseries, salons de thé, *foodtrucks*, restos de spécialités étrangères, guinguettes, *rooftops* : il y en a pour tous les goûts et tous les budgets à Paris. Et pour éviter de commettre des impairs, on vous suggère dans ce guide avec qui vous y rendre. On n'invitera donc pas mémé Germaine dans un restaurant qui se transforme en club à minuit, on évitera les tripes, abats et plats aillés pour un premier rendez-vous galant, on laissera les poussettes à la maison si le restaurant n'est pas *kids friendly*, et on oubliera les *steakhouses* pour nos amis végétariens sous peine de syncope. Il ne vous reste plus qu'à faire votre choix !

**“De toutes les passions,
la seule vraiment respectable
me paraît être la gourmandise.”**

Guy de Maupassant,
Amoureux et primeurs (1881)

Eats Thyme

44, rue Coquillière, 1er • M° Louvre-Rivoli
Tél. 01 42 33 21 15 • Ouvert tous les jours

Menu à partir de 13 €

eatsthyme.com

AVEC UN BLASÉ DE LA CUISINE LIBANAISE • L'art de vivre à la libanaise plonge ici dans la modernité grâce à Carla Rebeiz. Sa cuisine décline les plats végétariens traditionnels libanais, exhalant les herbes et les épices comme le zaatar et le sumac. La fameuse *man'oushe* est la star de la maison : une galette de blé bio fourrée, cuite au four, déclinée dans de multiples versions. Mezze, *labneh*, *fattoush* au sumac... tous les produits utilisés par le chef ont été rigoureusement sélectionnés auprès de petits producteurs locaux. Les recettes renouvellent l'image de la cuisine libanaise pour le meilleur, en revenant aux origines ou en explorant des créations étonnantes, comme le croissant au zaatar, lèche-doigt addictif.

Palais Royal Restaurant

110, galerie de Valois, 1er • M° Palais-Royal-Musée-du-Louvre
Tél. 01 40 20 00 27 • Fermé dimanche et lundi

Menu 60 €

palaisroyalrestaurant.com

AVEC EMILY IN PARIS • Joyeuse, parisienne, voici la nouvelle énergie du chef Philip Chronopoulos aux manettes de cette table étoilée mais décomplexée. Située dans la galerie de Valois, en plein cœur du majestueux Palais Royal, le chef d'origine grecque travaille les produits français en y ajoutant sa *touch'* méditerranéenne. On partage le pain et les *mezzedes*, comme en Grèce : la pomme de terre soufflée farcie au jaune d'œuf est d'une gourmandise absolue, la tartelette aux herbes osée. La lotte est cuisinée au safran et au kaffir et le canard jouit d'une cuisson parfaite. En dessert, le baba imbibé au cacao et fleur de lait est irrésistible. Très belle carte des vins.

Chez Vong

10, rue de la Grande-Truanderie, 1er • M° Étienne-Marcel
Tél. 01 40 26 09 36 • Fermé dimanche

Menu à partir de 39 €

chez-vong.com

AVEC UN PARRAIN DU TEXTILE D'AUBERVILLIERS • C'est un monumental Bouddha en beurre, statue de 100 kilos sculptée par le chef Vai Kaun Vong, qui vous accueille Chez Vong, réputé comme étant l'un des meilleurs restaurants chinois de Paris. Le décor est celui d'une riche maison chinoise, ornée de meubles et de tableaux anciens importés du pays, mêlé aux pierres de taille de l'immeuble. On dîne dans une alcôve ou sur une estrade et on s'empresse de goûter la star des lieux : la fondue à partager. Viandes, poissons, légumes et fruits de mer se trempent dans un bouillon maintenu très chaud grâce aux braises au milieu de la table. Le canard laqué à la pékinoise a aussi contribué au succès de cette maison depuis trente ans. Les autres propositions à la carte sont faites minute et donnent envie de tout commander : crevettes à l'impériale, porc sucré à la cantonaise, salade de bar aux racines de lotus, poulet en papillote, riz sauté à la cantonaise, raviolis vapeur, bœuf à la sichuanaise...

Le Cochon à l'Oreille

15, rue Montmartre, 1er • M° Les Halles ou Sentier
Tél. 01 40 15 98 24 • Fermé dimanche et lundi midi

Formules à 16 € le midi et 19,50 € le soir

AVEC UN FOU DE PANAME • Tous les amoureux de Paris trouvent une grâce folle à notre Cochon. Son décor, classé, évoque à travers des fresques murales en céramique l'histoire du "Ventre de Paris", comme on appelait jadis le marché des Halles, cher à Zola. Dans ce petit bistrot, vous mangerez presque sur les genoux de votre voisin – foie gras poêlé, boudin noir aux deux pommes, salade de lentilles, un fabuleux œuf mayonnaise, une bavette avec frites maison... : du vrai, du français ! Parfait pour cueillir un peu de Paris popu, un peu de Belle Époque et savourer des vins faisant la part belle aux AOC à prix serrés.

The Roomies

14, rue du Cygne, 1er • M° Étienne-Marcel
Tél. 01 42 60 30 11 • Ouvert tous les jours

Menu à partir de 12 €

Facebook : Roomies Burger

AVEC UN ACCRO DU SUR MESURE • À l'origine du projet, deux amis d'enfance, anciens colocs (d'où le nom du resto) qui, fatigués du monde de la finance, ont décidé de vivre leur rêve : avoir leur propre restaurant de burgers, pour enfin proposer au plus grand nombre (ils s'entraînaient jusque-là sur leurs amis) des burgers sur mesure, à la manière de la chaîne *Five Guys*. On choisit donc son fromage (tomme, chèvre, beaufort...), des ingrédients : pickles, oignons, tomates, bacon, cornichons, salade ; la cuisson de son steak et sa sauce (fines herbes, barbecue, cocktail ou la Roomies, gardée secrète). Les *buns* briochés sont préparés chaque matin par leur boulanger préféré, la viande est certifiée d'origine française, et on peut mettre tous les ingrédients que l'on désire pour le même prix : tel est leur gros point fort. Et voilà un burger de taille parfaite qui tient dans la main, riche en goût et bien garni.

Clasico Argentino

6, passage des Panoramas, 2ᵉ • M° Grands-Boulevards
Tél. 09 80 97 76 62
Ouvert tous les jours, midi et soir, le dimanche, ouvert le soir uniquement

Empanadas : 4 € la pièce

Autres adresses sur **clasico-argentino.com**

AVEC UN GAUCHO • Alors que la vague burger n'avait pas encore déferlé sur Paris, et que le terme *street food* n'avait pas traversé l'Atlantique, Clasico Argentino posait déjà ses *empanadas* sur la table. Aujourd'hui, les Parisiens reconnaissent sans hésitation les festons de chaque chausson, différents selon leur garniture. Des petits ronds pour ceux au fromage-oignon, des vaguelettes pour ceux au thon, des picots pour ceux aux épinards et des crêtes pour ceux au maïs. Servis par trois, quatre ou douze par de charmantes hôtesses, ils sont accompagnés d'une salade de saison et de *chimichurri*, la sauce typique du pays, légèrement relevée.

La Cuisine de l'E7

39, avenue de l'Opéra, 2e • M° Opéra
Tél. 01 42 61 56 90 • Ouvert du lundi au vendredi

Menu à partir de 35 €

hoteledouard7-paris.fr

AVEC UNE ÉTOILE DE L'OPÉRA EN RUPTURE DE RÉGIME • Dans cette rotonde à l'esprit très "couture", Rémy Fourmeaux renouvelle ses cartes inventives au fil des saisons, en privilégiant toujours des produits d'une extrême fraîcheur. Les noms des plats sont empreints de poésie. Ainsi, le Nid d'Amour cache un œuf bio croustillant associé à des sot-l'y-laisse rôtis et des panais. Pince-moi si tu peux propose un homard bleu poché, sucrine croquante et mousseline de wasabi. Puis on joue dans la cour des grands avec Poséidon, soit un turbot cuit au sautoir et une énorme feuille de chou frisé farcie aux cèpes et au foie gras. On apprécie de voir les chefs de rang faire la découpe en salle, à l'instar de ce saumon gravlax présenté entier, ou le montage d'une profiterole parfaite avec glace au caramel au beurre salé et chocolat chaud versé sur le chou sortant tout juste du four.

Le Vaudeville

29, rue Vivienne, 2e • M° Bourse
Tél. 01 40 20 04 62 • Ouvert tous les jours

Prix moyen à la carte 30 €

vaudevilleparis.com

AVEC UN DANDY D'ANTAN • C'est l'une des plus vieilles brasseries de la capitale. La demoiselle a fêté en effet ses 100 printemps en 2018. Dans ce spacieux restaurant à la décoration des Années folles, on vient avant tout se régaler d'un grand plateau de fruits de mer mêlant amandes, bulots, crevettes, tourteau . On peut aussi commander un homard américain entier et sa mayonnaise maison à se partager en amoureux, sur la vaste terrasse faisant face au palais Brongniart. Escargots, soupe à l'oignon et croustillant de tête de veau font partie des classiques indémodables proposés à la carte. On les savourera avec encore plus de bonheur à l'heure du souper, après une sortie au théâtre sur les Grands Boulevards.

Ma Cave Fleury

177, rue Saint-Denis, 2e • M° Étienne-Marcel ou Réaumur-Sébastopol
Tél. 01 40 28 03 39 • Ouvert lundi de 17h à 21h, du mardi au vendredi de 11h à 13h et de 17h à 22h, samedi en continu. Fermé dimanche

Planche à partir de 6 €

macavefleury.wordpress.com

AVEC UN AMATEUR DE NATUREL • Arrière-petite-fille, petite-fille et fille de vignerons, Morgane Fleury décide en 2009 d'arrêter la comédie pour ouvrir sa cave à vins et vendre les champagnes de sa famille. Les bouteilles occupent l'espace le long des mur et les tonneaux servent de tables pour la dégustation. Les clients s'y sentent si bien que l'endroit se transforme vite en bar à vins : on y déguste les dix cuvées de la maison Fleury et des vins naturels triés sur le volet par la jeune femme. Le mot d'ordre ? Du bon, du bio, du nature. Une démarche éthique que l'on retrouve même dans les assiettes. Le pain bio vient de l'Autre Boulange (11e), les légumes sont bio, le saucisson est importé d'Ardèche et les fromages livrés directement par sa maman. Morgane est drôlement sympa et il n'est pas improbable qu'elle "squatte" votre tonneau pour boire un verre avec vous !

Little Apple

27, rue de Saintonge, 3e • M° Filles-du-Calvaire
Tél. 09 83 51 24 84 • Ouvert tous les jours

Formule lunch 15 €

little-apple.fr

AVEC UN FATBOSS • Voici une petite adresse comme à New York. Les propriétaires ont simplement mis à la carte tout ce qu'ils adorent. On ne vient pas à la Petite Pomme quand on est au régime, mais plutôt pour se faire plaisir... Et ça commence d'emblée avec les diaboliques *truffled macandcheese* emprisonnés façon arancini. De la vraie *finger food* addictive ! La *quesadilla* sort des cuisines recouverte de cheddar fondu, agréablement accompagnée pour la fraîcheur d'une sauce à l'avocat, tandis que les *chicken tenders* portent bien leur nom et les *halloumi sticks* se trempent dans une exquise sauce au yaourt grec, menthe fraîche et sumac. Gardez un peu de place pour déguster un bon burger, avec les doigts évidemment. Et en dessert ? Pourquoi pas le cheesecake de Jacques Genin, tout simplement.

Sinner Paris

116, rue du Temple, 3e • M° Filles-du-Calvaire
Tél. 01 42 72 20 00 • Ouvert tous les jours

Prix moyen à la carte 50 €

sinnerparis.com

AVEC SA TRIBU • En plein Marais, ce boutique-hôtel 5 étoiles à l'atmosphère sulfureuse signée Tristan Auer multiplie les références ecclésiastiques... et érotiques ! Appartenant au groupe Evok, comme le Brach (voir p. 96), on y retrouve le talentueux chef Adam Benthala. L'expérience se vit surtout le soir pour apprécier l'ambiance très (trop ?) tamisée et l'atmosphère délirante des années 1970 . On oublie le manque de lumière tant la qualité des mets nous emporte : mezze à partager parfaitement exécutés, puis diabolique salade de pousses d'épinards yuzu parmesan, kebab revisité façon gastronomique, et les fameux ceviche. La cuisine est joyeuse et spontanée à l'image de son chef. Même élan de gourmandise du côté des desserts créés par le chef pâtissier Yann Brys. Pour prolonger le moment, on plonge dans la carte des spiritueux issus de petites distilleries. Attention l'alcool c'est péché !

Le Petit Dakar

6, rue Elzévir, 3e • M° Saint-Paul
Tél. 01 44 59 34 74 • Ouvert du mardi au samedi

Assiettes à 15,50 €, le midi uniquement

lepetitdakar.com

AVEC UNE AFRICAN QUEEN • Au revoir Paris, direction Dakar ! Dans cette petite salle de restaurant au décor un peu spartiate, on se régale de mets sénégalais et africains. Ici, à l'apéro, on décortique soi-même les cacahuètes que l'on accompagne d'un jus de *bissap* rafraîchissant. Le plat national sénégalais, le *thiéboudienne,* à base de riz, poisson, sauce tomate, choux et carottes, est évidemment à la carte, tout comme le poulet yassa mariné au citron et servi avec des petits oignons. Mais c'est au Petit Dakar que vous goûterez le meilleur *mafé* de Paris au poulet fondant recouvert d'une épaisse sauce au beurre de cacahuète. On en lécherait presque l'assiette ! Son dressage est d'ailleurs à l'image de l'adresse : sobre et sans chichi. En dessert, on se laisse surprendre par le *tiacri,* un fromage blanc parfumé à la vanille et au gingembre, ou par les bananes flambées au rhum.

The Social Square

165, rue du Temple, 3e • M° Arts-et-Métiers
Tél. 01 42 72 22 75 • Ouvert tous les jours de 9h à 2h

Menu midi 16 €

socialsquare.paris

AVEC UN HYPERACTIF • Ici, on peut se poser en terrasse dès le petit-déjeuner, venir manger une pizza sur le pouce, travailler en buvant un cocktail préparé par Charles (ancien du Plaza Athénée) ou tout simplement très bien manger. La décoration, signée Christophe Bro, se veut nourrie des tendances actuelles : mi-seventies, mi-graphique. Le chef Alex, passé chez Robuchon, délivre une carte fraîche, maîtrisée, moderne. Les petits pois se dégustent en soupe relevée à la menthe et au wasabi ; le gravlax de saumon est marié à de l'avocat-crème acidulée ; les betteraves se savourent tranchées finement façon carpaccio, associées à une vinaigrette bien moutardée et un œuf mollet *very* coulant qui vient adoucir le tout. En dessert, ils font confiance à la célèbre Rachel pour ses cheesecakes et tartes au citron, mais proposent aussi quelques desserts maison comme ce riz au lait aux pralines roses ou le cœur coulant noisette-chocolat.

Au Petit Fer à Cheval

30, rue Vieille-du-Temple, 4e • M° Hôtel-de-Ville ou Saint-Paul
Tél. 01 42 72 47 47 • Ouvert tous les jours de 9h à 2h

Carte 20 €

cafeine.com/petit-fer-a-cheval

AVEC UN VINTAGE ADDICT • Derrière l'ancienne enseigne de "Café du Brésil" se cache l'antre du rétro parisien. Un bistrot dans son jus repris il y a quelques années par Xavier Denamur (le même que la Chaise au Plafond, les Philosophes et la Belle Hortense). Banquettes de métro, vieille horloge de gare qui prend la poussière, téléphone des années 1950 en bakélite noire, vieux lustre, mais surtout un comptoir en forme de fer à cheval par lequel on se sent irrémédiablement attiré. Tout s'y passe. Les cafés sur le pouce, les apéros en bande. On ne sait pas si c'est la forme du comptoir ou simplement l'esprit du lieu, mais il règne ici une belle convivialité. Une vingtaine de crus sont disponibles, dont seize au pichet, on retiendra le morgon ou le saumur, et si une petite faim se fait sentir, on s'attable pour une soupe à 6 euros, une salade ou une tartine et on attend Amélie Poulain, qui n'aurait pas boudé l'adresse. Ici, la star, c'est la tatin, à tester absolument au dessert.

L'Alivi

27, rue du Roi-de-Sicile, 4e • M° Hôtel-de-Ville ou Saint-Paul
Tél. 01 48 87 90 20 • Ouvert tous les jours

Menu à partir de 25 €

restaurant-alivi.com

AVEC UN MAQUISARD • Restaurant familial corse, l'Alivi ("l'olivier" en corse) régale ses clients en produits frais et de saison depuis 1996. L'extérieur avec sa jolie terrasse est aussi chaleureux que la salle aux murs de pierre et poutres apparentes. Après avoir siroté un apéritif, le Cap Corse Mattei, on goûte en entrée un croustillant de brebis et ses petits légumes. Puis un quasi de veau gratiné à la tomme corse, un civet de sanglier aux oignons nouveaux et son excellente purée maison, un faux-filet de bœuf saisi puis émincé garni de champignons des forêts, ou pour les grands gourmands, une côte de cochon de 500 grammes aux herbes. Impossible de faire l'impasse sur l'assiette de fromages : brebis aux herbes, *filletta* (qui sent la fougère), U Muntagnolu. On ferme les yeux et l'on y est presque. Et pour clore ce repas ensoleillé, un cheese-cake aux *canistrelli* (petits biscuits secs parfumés à l'anis) s'impose.

La Mangerie

7, rue de Jarente, 4e • M° Saint-Paul
Tél. 01 42 77 49 35 • Ouvert du lundi au samedi de 18h à 1h

Adulte 27 €, enfant 7 €

la-mangerie.com

AVEC DE MINI BOBOS • En semaine, on vient surtout à la Mangerie pour les tapas et les burgers. Le week-end, c'est pour bruncher avec les enfants. Dès l'arrivée, une super animatrice-nounou les prend en charge et les accompagne au sous-sol où ils vont jouer pendant des heures (coloriage, jeux de société, peinture, chansons...) après avoir rapidement englouti leur steak-frites ou saucisse-purée. Pendant ce temps, à l'étage, les parents profitent d'un brunch copieux dans une salle à manger champêtre où les arbres poussent sur les murs et les vélos sont accrochés au plafond. On commence par de la brioche et du pain que l'on tartine de confiture, de tapenade noire, de Boursin ou de houmous. On sirote son jus détox avant de choisir entre œufs brouillés saumon ou saucisse. Avant de descendre récupérer vos monstres qui n'auront aucune envie de partir, il faut absolument goûter le moelleux au chocolat du chef.

Miznon

22, rue des Écouffes, 4e • M° Saint-Paul
Tél. 01 42 74 83 58 • Ouvert du dimanche au jeudi, vendredi, le midi uniquement

Moins de 15 €

Facebook : Miznon

AVEC UN POTE DE TEL-AVIV • Miznon, c'est la définition exacte de la *comfort food* : c'est bon, frais, réconfortant. Un pain pita, des produits frais, des légumes de saison, un assaisonnement parfait et une garniture originale à base de chou braisé, de bœuf bourguignon, de ratatouille, de patates douces ou de boulettes de poisson. Le plus dur est de s'y retrouver, car la carte est écrite sur un grand tableau noir, et les suggestions partent dans tous les sens. En accord total avec les cagettes qui débordent de légumes, avec les serveurs tatoués hyperaffairés et la musique super forte. Salée ou sucrée, la pita s'accompagne d'un pinot israélien ; le thé à la menthe est ensuite offert par la maison. Fermez les yeux, vous êtes en Israël !

Tasca

37, rue du Roi-de-Sicile, 4e • M° Saint-Paul
Tél. 07 61 23 42 30 • Ouvert du mardi au dimanche de 12h à 18h

Grignotage à partir de 6 €

commealisbonne.com

AVEC UN LISBOÈTE NOSTALGIQUE • Ce sont les *pasteis de nata*, ces fameux petits flans portugais, qui ont fait connaître aux Parisiens le talent et la bonne humeur de Victor Silveira, le moustachu le plus renommé de la rue. Fort de son succès, l'homme a ouvert son resto juste à côté de sa micro pâtisserie-épicerie pour proposer un éventail plus large des délices de son pays. Dans sa "petite taverne" (c'est la traduction de *tasca*) aux murs recouverts d'azulejos, on pourra déguster le meilleur des conserves ibériques à base de morue, moules ou espadon noir accompagnées d'une salade, ou encore un délicieux *queijo de azeitão* (fromage de brebis) souvent servi en entrée au Portugal, des sardines sauvages Tricana ou du poulpe à l'ail. On arrose bien sûr son repas pique-nique d'un porto ou d'un *vinho verde* avant de refaire un braquage de *pasteis de nata* à l'épicerie. *Tot bom !*

Le SweetSpot

108, rue Mouffetard, 5e • M° Place-Monge
Tél. 09 81 49 45 45 • Fermé lundi
Brunch tous les jours, de 11h30 à 14h30 en semaine, et de 11h à 15h le week-end

Plat du jour à partir de 10 € • Formule tartine 6,50 €

lesweetspot.paris

AVEC ALICE, AU PAYS DES SUCRERIES • Elles sont jeunes, sympas, gourmandes et fans de pâtes à tartiner. Justine et Joséphine, qui se sont rencontrées sur les bancs de la fac, décident un jour d'ouvrir le tout premier bar à pâtes à tartiner parisien. Dès l'entrée, on est attiré par ces pots de toutes les couleurs en provenance du monde entier. Caramels, confitures de lait, pâte de spéculoos, *curds*, crèmes, gelées, confitures, et bien sûr l'incroyable *Fluff-marshmallow*. Si dans ce décor tout frais l'ensemble des pâtes présentées sont disponibles à la vente, on tartine évidemment, mais on savoure aussi de bons plats simples tous les midis : filet de lieu jaune et ses petits légumes, soupes ou salades-repas, sans oublier le brownie ou le cheesecake maison pour les becs sucrés...

Les Délices d'Aphrodite

4, rue de Candolle, 5e • M° Censier-Daubenton
Tél. 01 45 35 96 50 • Ouvert tous les jours

Formule 24,50 €

mavrommatis.com

AVEC VÉNUS OU APOLLON • Les frères Mavrommátis sont nés à Chypre et ont passé leur enfance à se régaler des petits plats traditionnels concoctés avec amour par les femmes de leur famille. Dans leur "taverne" grecque toute bleue, on sert le meilleur de la Grèce, avec un niveau de qualité et de saveurs inégalé dans Paris, depuis de très nombreuses années. Houmous, taboulé, *ktipiti* (yaourt grec, poivrons grillés et feta battue), tarama, *dolmadès* (feuilles de vigne farcies) et caviar d'aubergine : toutes les entrées sont au rendez-vous. S'il faut goûter la classique moussaka, fondante, ne ratez pas la spécialité de la maison : le *pastitsio*, un gratin de macaronis à la viande de porc parfumé à la menthe et à la cannelle et agrémenté d'un concassé de tomates. Et à la grecque, avant de repartir vers l'Olympe, on se regardera dans les yeux pour trinquer à la liqueur de *mastiha* de Chios...

The Tea Caddy

14, rue Saint-Julien-le-Pauvre, 5e • M° Saint-Michel
Tél. 01 43 54 15 56 • Ouvert tous les jours de 11h à 19h

Prix moyen à la carte 20 €

the-tea-caddy.com

WITH A BEAUTIFUL LADY • Ce véritable salon de thé à l'anglaise est une institution à Paris depuis 1928 ! Resté dans son jus, l'endroit, tout de poutres habillé, jouit d'un charme désuet auquel on ne peut résister. Noir, vert, blanc, fumé, bio, rouge, bleu-vert aux accents de miel, la carte des thés compte quatre pages sur lesquelles chaque variété est scrupuleusement décrite. Ici, on ne rigole pas avec ce subtil breuvage, comme chez nos voisins outre-Manche. On accompagne sa *cup of tea* d'une part de quiche, d'une salade, d'œufs brouillés ou de saumon fumé et on craque évidemment en dessert pour les scones maison, leur confiture de framboises et de la vraie *clotted cream. So nice!*

Anicia

97, rue du Cherche-Midi, 6e • M° Montparnasse-Bienvenüe, Duroc ou Saint-Placide
Tél. 01 43 35 41 50 • Fermé dimanche

Menus 30 € et 39 €

anicia-paris.com

AVEC UN AUVERGNAT • Après avoir décroché une étoile Michelin en 2006 pour son premier restaurant gastronomique en Haute-Loire, François Gagnaire s'est lancé un nouveau défi en novembre 2015 en installant sa belle Auvergne au cœur de la capitale. C'est avec l'incontournable caviar du Velay à la lentille verte et ses blinis à la farine de lentilles que le chef virtuose ouvre le bal de la belle saison. Du carpaccio de lotte, grenade, roquette et avocat à la sublime pastorale de légumes et fruits – qui peut contenir jusqu'à 25 ingrédients –, ou encore les travers de porc confits au miel du Velay, écrasé de patate douce. Le fromage paysan affiné aux artisous, sur lequel des araignées façonnent la croûte, est la signature de la maison. En dessert, la crème brûlée à la lentille Verte du Puy ou la composition végétale de fraises coco-roquette clôturent à merveille cette parenthèse rafraîchissante.

Blueberry Maki Bar

6, rue du Sabot, 6e • M° Saint-Germain-des-Prés
Tél. 01 42 22 21 56 • Ouvert du mardi au samedi

Menu à partir de 22 €

blueberrymakibar.com

AVEC UN DÉSTRUCTURÉ • Fans de maki, oubliez les ennuyeux saumon-concombre et venez goûter aux associations inventives et aux noms choisis avec humour par le chef Luu. Dans les assiettes, les Little miss Yuzu marient *tataki* de saumon mariné à la framboise et la mangue fraîche, dans les *California for ever* on apprécie une chair de tourteau, des gambas et une mayonnaise épicée. Place au thon dans les New Mexico associé au piment, citron et sésame. Le gros succès de la maison ? Les makis Rackam le Rouge avec tempura de gambas, thon mariné, carpaccio de truffe noire, mayonnaise épicée et œufs de poissons volants. Chaque maki est une véritable œuvre d'art, dressée en une minute seulement ! On apprécie aussi les soupes très parfumées et les sushis dans ce restaurant bas de plafond aux petites salles chaleureuses et colorées.

Café Buci

52, rue Dauphine, 6e • M° Saint-Germain-des-Prés
Tél. 01 43 26 67 52 • Ouvert tous les jours

Prix moyen à la carte 30 €

le-buci.com

AVEC UN FAN DE GALERIES D'ART • Voici une institution germanopratine ouverte en continu du café au comptoir le matin au dernier digestif en terrasse à minuit. L'équipe est fidèle à la maison depuis des lustres, les habitués ont même droit à leur petite bise. L'adresse fait un angle et il est très agréable de se poser sur l'immense terrasse pour apprécier la vie grouillante de Saint-Germain-des-Prés avant d'aller s'émerveiller dans les galeries d'art voisines. Les classiques de la brasserie sont présents à la carte : bowls, salades-repas, excellent saumon gravlax, burrata… La *comfort food* saura convaincre les plus gourmands : le burger est de bonne facture et le croque-monsieur délicieux, bien garni et moelleux. L'hiver on apprécie la déco bistrot à l'intérieur, entre briques, boiseries et luminaires Art déco.

Le Coffee Parisien

4, rue Princesse, 6e • M° Saint-Sulpice
Tél. 01 43 54 18 18 • Ouvert tous les jours

Prix moyen à la carte 25 €

Autres adresses sur **coffeeparisien.fr**

AVEC UN AMÉRICAIN NOSTALGIQUE • Plus de trente ans que ça dure ! Ici, on peut vraiment parler d'institution, nichée en plein cœur de Saint-Germain-des-Prés. Le Coffee Parisien est l'un des seuls restaurants à Paris où le brunch est servi en continu, tous les jours de la semaine ! La lecture de la carte est un supplice : que choisir parmi tous ces mets *fastgood* ? On vous conseille en entrée les nachos deluxe : tortillas de maïs croulant sous une tonne de cheddar fondu, salsa, guacamole, oignons rouges, crème fraîche et piment. Hot-dog, club sandwich, toute une déclinaison d'œufs, mais aussi burgers et bagels de très bonne facture. On arrose cela d'un milkshake et on finit par une *apple pie* ou un *carrot cake* à l'épais glaçage.

Chez Bartolo

7, rue des Canettes, 6e • M° Mabillon ou Saint-Germain-des-Prés
Tél. 01 85 15 22 01 • Ouvert tous les jours

Pizzas 14 € à 25 €

bartolorestaurant.fr

AVEC BELLE OU LE CLOCHARD • C'est au cœur de Saint-Germain-des-Prés que se cache la plus vieille pizzeria de Paris. Bartolo Memola décide en 1950 de faire découvrir les pizzas et la cuisine napolitaine à ses amis et a l'idée de faire venir un vrai four à charbon de *Napoli* ! L'exquise odeur de la pizza cuite au feu de bois fait vite des émules, et le Tout-Paris s'y presse. On raconte même que Man Ray et Giacometti y avaient leurs habitudes. C'est maintenant Aurélie, la petite-fille de Bartolo, qui est à la tête de la maison. Elle a grandi dans les cuisines de ses grands-parents et maîtrise sur le bout des doigts les secrets de la cuisine italienne. Si l'on ne choisit pas l'une des excellentes pizzas de la maison, ou le *vitello tonnato* exquis, on se partagera les *spaghetti alla puttanesca* aux câpres, olives et tomates ou les *scialatielli scarpariello* au basilic et quatre fromages. Avant de dire *ciao,* on goûte la merveilleuse tarte fine aux pommes aux contours joliment caramélisés.

L'Avant-Comptoir

3, carrefour de l'Odéon, 6ᵉ • M° Odéon
Tél. 01 42 38 47 55 • Ouvert tous les jours

Carte à partir de 20 €

Facebook : L'Avant-Comptoir

ENTRE POTES PAS CHIPOTEURS • Attention ! Ici comme à Barcelone, il faut aimer être collé les uns aux autres le long du comptoir de ce couloir – et ne pas hésiter à s'imposer pour passer commande auprès des serveurs affairés. On ne risque rien à bousculer et se laisser bousculer – sinon l'opportunité de faire de belles rencontres. Mais il ne suffit pas de jouer des coudes, encore faut-il lever la tête, car ici les photos de tapas sont suspendues au plafond par des crochets de boucher. Un festival ! Hot-dog de canard, fleurs de courgettes, croquetas, petites chips de fromage, jambon, macarons au foie gras, mais aussi minis sandwichs au lard tartinés à la Savora, saucisson chaud de couenne et pied de porc et les fameuses planches de charcuteries du Sud-Ouest signées Éric Ospital, le dieu de la charcut' ! Et miracle, tout est bon ! On arrose ça d'un bandol blanc du domaine Ray-Jane ou d'un pic-saint-loup Clos Marie et on remercie qui ? Yves Camdeborde, le chef du Comptoir du Relais, la maison d'à côté…

L'Étage de Pastavino

18, rue de Buci, 6ᵉ • M° Odéon
Tél. 01 44 07 09 56 • Fermé dimanche

Prix moyen à la carte 50 €

Facebook : La Bottega Pastavino/L'Étage de Pastavino

AVEC UN CACHOTTIER • Vous êtes certainement passés de nombreuses fois devant cette épicerie italienne, la Bottega Pastavino, mais saviez-vous que se cachait à l'étage une toute petite salle de restaurant dont l'accès se fait par un escalier dissimulé ? Parfait pour un rendez-vous clandestin ! Et gourmand avec ça ! Vous ne saurez que choisir entre deux regards tendres… la sublime *bresaola* ou le lard de Colonnata ? Le tartare de bœuf piémontais parfumé à l'huile de truffe blanche d'Alba ou les tagliatelles à la bolognaise de veau et aubergines fondantes ? Parions que vous n'aurez plus faim au moment de redescendre à l'épicerie pour faire quelques emplettes. Notre conseil : réservez !

La Estancia

27-29, quai des Grands-Augustins, 6e • M° Saint-Michel-Notre-Dame
Tél. 01 43 29 67 12 • Fermé lundi

Formule à partir de 14,90 €

laestancia.fr

AVEC UN CARNIVORE QUI SE RESPECTE • À La Estancia, on se régale de belles pièces de bœuf fraîches en provenance directe d'Argentine, où elle est reconnue comme l'une des meilleures du monde, d'une qualité exceptionnelle au goût unique. Cette viande bien grasse vous fera voyager de Buenos Aires à la Terre de Feu, en passant par les plaines de la Pampa. Le roadtrip commence dès l'entrée avec un excellent ceviche de cabillaud bien relevé et agréablement texturisé, ou le croustillant de crevettes sauvages d'Argentine. Et voilà que sort des cuisines votre énorme plancha contenant filet de bœuf, frites et sauce chimichurri. La viande fond, elle est incomparable. En dessert, une panna cotta au dulce de leche finit de nous combler. *Last but not least*, l'endroit jouit d'une superbe terrasse avec vue sur Notre-Dame.

Marcello

8, rue Mabillon, 6e • M° Mabillon
Tél. 01 43 26 52 26 • Ouvert tous les jours

Prix moyen à la carte 30€

Facebook : Marcello

AVEC UN "DATE" À ÉPATER • En lieu et place de l'ancienne Petite Cour, voici Marcello, un concept hybride entre le café de Turin et le coffee shop new-yorkais. La rénovation complète, signée Gabriel Pistre, rend hommage à ce lieu chargé d'histoire. Les vieilles pierres sont enfin apparentes et les lumières qui changent tout au long de la journée flattent ces murs bruts. Dans ce décor au charme fou, on savoure un petit-déjeuner, une collation à 11h, un cocktail à 15h, une omelette à 16h, un Spritz dès 17h, une orgie de *finger food* avec une tablée de copains sur la terrasse à 21h. Car ici les cuisines sont ouvertes en continu et on est libres de manger à toute heure ! Déjà le soleil apparaît dans la charmante cour, il est temps de faire un sort aux arancinis à la truffe, aux calamars *a la plancha*, aux spaghettis d'épeautre, au risotto au safran. Sieste au soleil, puis jus centrifugé, en profitant du wifi l'après-midi et voilà déjà l'heure de l'apéro qui se profile.

Restaurants Le Premier et Le 28

École Ferrandi, 28, rue de l'Abbé-Grégoire, 6e
M° Saint-Placide • Tél. 01 42 25 24 84
Déjeuner mardi, jeudi et vendredi 25 €, mercredi 25 € ou 45 €

ferrandi-paris.fr/ecole/les-restaurants-d-application

AVEC UN ÉPICURIEN ÉCONOME • L'école Ferrandi, c'est comme Normale Sup' pour la cuisine, Polytechnique pour le service ! Ici, dans leurs restaurants, les élèves s'exercent au fourneau et en salle à fournir. Les dîners, souvent à thème, débutent à 19h30 précises. L'idéal est de ne pas choisir la même chose, pour partager et les faire travailler ! La sole associée au fenouil est parfaitement cuite, on ne peut pas en dire autant du bar, mais on oublie vite en goûtant ce subtil filet mignon de porc farci aux ris de veau. Avant de donner son avis aux chefs de salle qui recueillent les critiques, on se régale d'une quenelle de brousse ou d'une poire Belle-Hélène revisitée. Et les petits serveurs sont tellement touchants avec leur envie de bien faire et leur gentillesse !

The Cod House

1, rue de Condé, 6ᵉ • M° Odéon
Tél. 01 42 49 35 59 • Ouvert tous les jours

Prix moyen à la carte 25 €

thecodhouse.fr

AVEC UN FAN DE TAPAS JAPONISANTS • Amateurs de cocktails savoureux et de mets dépaysants, cette adresse est idéale. En plein cœur de Saint-Germain-des-Prés, The Cod House revisite la gastronomie japonaise sous forme de tapas. Tarama à la truffe, carpaccio de yellowtail (sériole à queue jaune, poisson fin et raffiné) accompagné de piment frais et sauce yuzu, tataki de bœuf et sauce wasabi-yuzu, aubergine gratinée au miso, petits bao burgers, tempuras... Le tout préparé par une armée de cuisiniers nippons depuis la cuisine ouverte de l'établissement. Et parce qu'on a encore un petit creux, on craquera pour des mochis glacés, du nougat mou, de la glace ou bien un gyoza pomme-cannelle. Une partition audacieuse et inspirée.

Bistrot Belhara

23, rue Duvivier, 7e • M° La Tour-Maubourg
Tél. 01 45 51 41 77 • Ouvert du mardi au samedi

Menu à partir de 24 €

bistrotbelhara.com

AVEC DES RUSTICO-TRADI • C'est LE bistrot traditionnel par excellence. Le chef, Thierry Dufroux, passé par les plus grands, se plaît à proposer des plats "bien de chez nous". Charcuterie basque d'Éric Ospital, pressé de palombes, terrine de sanglier, puis garbure (soupe basque aux légumes qu'on voit trop rarement sur les cartes des restaurants), paleron braisé aux pommes grenaille. Les plats en sauce sont servis bien fumants en cocotte par David et Frédéric, les deux serveurs en tablier qui semblent tout droit sortis d'un vaudeville. Ils font la paire ces deux-là, et la clientèle est choyée comme jamais. Une tarte fine aux pommes ou un Mont-Blanc en dessert, et voilà que sortent du four des madeleines au moment de payer l'addition.

Faust

Sous le pont Alexandre-III, rive gauche, 7e • M° Invalides
Tél. 01 44 18 60 60 • Ouvert du mardi au samedi

Menu midi 26 €

faustparis.fr

AVEC UN LOVER CLANDESTIN • L'entrée de ce restaurant, caché sous le pont Alexandre-III dans ce qui fut l'entrepôt de la Garde royale, est un peu difficile à trouver : tant mieux si vous êtes suivis par un détective ! On y dîne au ras des flots, sous les arcades du pont. Les lumières des bateaux-mouches se reflètent dans le zinc lustré de la salle et éclairent le restaurant façon stroboscope. Christophe Langrée, qui a connu les étoiles et régalé les ministres, travaille une carte "bistronomique" de saison. Cromesquis en amuse-bouche, puis *pluma iberica* et son risotto de riz noir, daurade royale et fenouil déglacé à l'orange, filet de rouget avec purée de petits pois à la menthe ou suprême de poulet farci aux fines herbes sont quelques-unes de ses spécialités. Les desserts sont eux aussi surprenants et mêlent tradition et modernité à l'image de ce tiramisu façon saint-honoré.

Noglu

69, rue de Grenelle, 7e • M° Rue-du-Bac
Tél. 01 58 90 18 12 • Ouvert tous les jours

Menu 20 €

noglu.fr

AVEC UN INTOLÉRANT • On connaît tous un intolérant au gluten qui n'a pas envie de se nourrir de tofu nature. Ici, il sera heureux : tous les plats, pains et pâtisseries sont cuisinés sur place et sans gluten. À chaque jour son plaisir : pizza le mardi, burger le mercredi, lasagnes le jeudi et gratin de pâtes le vendredi, que des petits plats bien fichus, toujours cuisinés avec des légumes de saison. Quiches, salades et sandwichs sont aussi de la partie, mais on vient surtout chez Noglu pour les pâtisseries : cannelés, muffins, cookies, tartelettes aux fruits, brownies, et tout particulièrement pour son sublimissime *carrot cake,* à déguster lentement avec un pressé de fruits minute. Une adresse réconfortante qui plaira aussi aux non allergiques !

Petrossian - Le 144

144, rue de l'Université, 7ᵉ • M° Invalides
Tél. 01 44 11 32 32 • Ouvert tous les jours

Menu à partir de 39 €

Autres adresses sur **petrossian.fr**

AVEC UNE JOLIE TSARINE OU UN APPARATCHIK REPENTI • C'est dans un décor marin que l'on pénètre pour goûter la carte du chef Julien Viollet, ancien second de Marc Meneau à l'Espérance. Impossible de passer à côté de la star des lieux qui a contribué à l'excellente réputation de la maison, le caviar. Le grand chic ? En commander “à la louche” ou en boîte de 30 grammes. Puis on fait exploser des cromesquis tout noirs garnis de crème de caviar encore chaude, on déguste un œuf poché (au caviar !) avant d'enchaîner sur un émietté de crabe, aubergine fondante et roquette. Harengs Silotka aux pommes charlotte, fenouil, *malossol* ou encore esturgeon osciètre en cuisson douce mêlant oignon confit et caviar Alverta sont aussi des plats-phares de la maison. Et avec la vodka servie frappée, on se régale d'un millefeuille extra-fin au praliné et *pavlova* meringuée. *Tvoye* !

Racines des Prés

1, rue de Gribeauval, 7e • M° Rue-du-Bac • Tél. 01 45 48 14 16
Fermé samedi et dimanche

Menus à partir de 35 €

Facebook / Racines des Prés

AVEC UN CONNAISSEUR • Voilà une jolie adresse gastronomique, un peu cachée, située en contrebas de l'église Saint-Thomas d'Aquin. Le chef Alexandre Navarro officie avec sa brigade dans un murmure derrière leur cuisine ouverte. Les effluves humés en entrant vous rassurent : ça sent le festin. Ceviche de thon rouge, melon, sorbet concombre ou œuf mollet croustillant au chorizo ibérique, maïs grillé et piquillos. Pour la suite, la maison vous conseille le filet de cabillaud confit et ses originaux gnocchis au cresson et sarrasin, le carré de cochon rôti et aubergine bio panée au sésame. Après une sélection de fromages affinés par Marine Dubois, on se lèche les babines en dégustant un vacherin très frais aux fruits exotiques ou une tarte soufflée au chocolat pur Madagascar. Une très belle adresse.

Truffes Folies

37, rue Malar, 7e • M° École-Militaire
Tél. 01 44 18 05 41 • Ouvert tous les jours sauf samedi soir et dimanche, tous les jours en décembre

Petit plat à partir de 9 €, apéritif à la truffe 8 €

truffesfolies.fr

AVEC UN MONOMANIAQUE QUI A DU NEZ • On sent leur bonne odeur dès la rue. Qu'elles proviennent du Périgord, du Piémont, d'Alba, toutes les truffes se sont donné rendez-vous dans ce restaurant qui reprend dans son décor en noir et beige les couleurs du précieux champignon. Nicolas Orlando, le chef, en met partout : dans les veloutés, les salades, les œufs brouillés ou cocotte, les carpaccios, les ravioles et les risottos. Pour l'apéro, on se partagera d'abord une *burrata* crémeuse, avant de goûter le foie gras cuit au torchon pour finir par l'irrésistible brie truffé maison, accompagnés d'un apéritif (à la truffe) ou une coupe de champagne. Mais sachez-le : la truffe est à son meilleur tout juste râpée par vos soins, sur une énorme tranche de pain de campagne tiède frottée au beurre.

Unico

10, rue Amélie, 7e • M° La Tour-Maubourg
Tél. 01 45 51 83 65 • Fermé dimanche et lundi midi

Carte à partir de 35 €

resto-unico.com

AVEC UNE DANSEUSE DE TANGO • Très *seventies* par son décor, son chef et sa sélection pointue de vins argentins et de viande directement importée de la pampa, Unico ne ressemble à aucun autre resto de Paris. La viande ici est succulente et fondante, cuite au charbon de bois importé sur un grill forgé en Argentine, pour un goût unique. En entrée, le chef Atahual Flores nous régale de chorizo et de boudin noir au confit de pommes, d'*empanadas* (petits chaussons) au fromage, oignon et origan frais ou d'un délicieux os à moelle cuit au charbon de bois. Puis place aux filets, faux-filets, hampes, travers, entrecôtes et autres cœurs de rumsteck cuits à la perfection et proposés avec la fameuse sauce *chimichurri*. Et puisqu'on est ici pour se faire plaisir, on commande le pot de *dulce de leche* en dessert !

Foyer de la Madeleine

Place de la Madeleine, accès par le côté droit de l'église de la Madeleine
côté rue de Surène, 8e • M° Madeleine • Tél. 01 47 42 39 84
Déjeuner sans réservation du lundi au vendredi de 11h45 à 14h
Carte annuelle d'adhésion : 7 €

Repas pour les adhérents : 9 €, 16 € pour les invités

foyerdelamadeleine.fr

AVEC UNE GRENOUILLE DE BÉNITIER DÉJANTÉE • Bon, vous ne serez pas seuls à déjeuner dans les cryptes de l'église de la Madeleine. Mais manger au Foyer de la Madeleine est une expérience qui ne s'oublie pas. Autour de petits plats bien rodés (œuf mayo, poulet frites), et servis par de charmantes dames bénévoles, vous serez au coude à coude avec des cadres sup' travaillant dans le quartier, des employés, des chômeurs, des étudiants, des ouvriers en salopette couverte de plâtre, des retraités, des touristes... Les conversations vont bon train, on commente l'actualité, les résultats du dernier match de foot. Le temps passe vite, on a bien mangé. Il est l'heure de retourner à l'air libre, on reviendra, c'est sûr !

La Maison de l'Aubrac

37, rue Marbeuf, 8e • M° George-V
Tél. 01 43 59 05 14 • Ouvert tous les jours à partir de 12h, jusqu'à 1h du dimanche au mardi, jusqu'à 6h mercredi et jeudi, jusqu'à 8h vendredi et samedi

Carte 40 €

maison-aubrac.com

AVEC UN CARNIVORE NOCTAMBULE • À la Maison de l'Aubrac, les propriétaires sont aussi les éleveurs. On sait donc précisément d'où vient la viande. Christian et Élisabeth Valette ont pris les rênes de l'établissement créé par Pierre et Pierrette en 1977. Dès l'entrée, on aperçoit les viandes qui mûrissent de trois à sept semaines derrière une vitrine réfrigérée. Elles arrivent ainsi sur les tables maturées à souhait. Velouté de saison, foie gras et rillettes de saumon au citron confit en entrée avant de se régaler d'une entrecôte (la plus riche en goût), d'une bavette de 300 grammes, d'un tartare supérieur coupé au couteau ou d'une énorme côte de bœuf à se partager. Les plats sont servis sur de grosses planches et le plus souvent accompagnés d'une délicieuse purée maison. En dessert, on goûte la spécialité : la tarte Pierrette, une tatin revisitée (très) riche en beurre.

Jean-François Piège - Le Grand Restaurant

7, rue d'Aguesseau, 8e • M° Concorde ou Madeleine
Tél. 01 53 05 00 00 • Ouvert du lundi au vendredi

Menu midi 85 €

jeanfrancoispiege.com

AVEC VOTRE PROMIS(E) • Aujourd'hui, vous cassez la tirelire ! Si vous ne devez choisir qu'un seul grand restaurant pour fêter un événement, optez pour celui-là. Véritable vaisseau gastronomique, le chef étoilé y crée chaque jour des plats de haute volée, dans le respect de la tradition française. Plus qu'un déjeuner ou un dîner de luxe, c'est une expérience culinaire que l'on vient chercher sous cette magnifique verrière. Feuilleté de jeunes oignons, noisettes et harengs, cabillaud nacré et hosties de pommes de terre et cèpes, joue de bœuf géométrique dans son jus corsé aux épices avant de s'extasier devant les desserts gourmands : chocolat grand cru crème aux œufs à la bergamote ou une île flottante inversée, son dessert-signature. L'expérience (un brin onéreuse) peut aussi se vivre au moment du déjeuner. On apprécie l'effort sur le prix de quelques crus servis au verre.

Mun

52, avenue des Champs-Élysées, 8e • M° George-V
Tél. 01 40 70 57 05 • Ouvert tous les jours

Prix moyen à la carte 65 €

restaurant-mun.com

AVEC UN GÉNÉREUX DONATEUR • S'il existe un endroit où casser sa tirelire, c'est bien chez Mun, gigantesque rooftop végétalisé perché au sommet des Galeries Lafayette des Champs-Élysées. La vue est à couper le souffle ! Mun invite au voyage dans une Asie fantasmée et décomplexée. Sushis, sashimis, yakitoris au barbecue mais aussi tartares, carpaccios, ou salade de homard. En appetizer, on se partage une fine galette de thon rouge cru recouvert de tarama à la truffe, une salade de pousses d'épinards au yuzu, parmesan et boutargue (on en mangerait un saladier entier !), puis quelques californias rolls et des croustillants de crabe à se damner. La délicatesse est aussi de mise en dessert grâce au talent de Yann Couvreur qui signe le dernier acte. Mousse au chocolat au sésame torréfié, moelleux au chocolat au cœur matcha ou glace meringuée façon "mystère" de notre enfance.

Le Péninsula (le lobby)

19, avenue Kléber, 8e • M° Charles-de-Gaulle-Étoile

Tél. 01 58 12 28 88 • Ouvert tous les jours

Prix moyen à la carte 80 €

peninsula.com

AVEC UN *DATE* À ÉPATER • Situé au cœur de chaque hôtel Peninsula dans le monde, le lobby offre un service de restauration au quotidien, sans trop se ruiner, dans un cadre magnifique. Panneaux méticuleusement restaurés à la feuille d'or, moulures et peintures reflètent la gloire de la Belle Époque. On peut profiter du lobby dès le petit-déjeuner pour faire un sort aux pancakes ou au porridge puis profiter au déjeuner des suggestions du chef comme les asperges vapeur, mûre, foie gras et oxalys ou la daurade à la flamme et petits pois. Le club sandwich est extra, le cheeseburger bacon fumé comté bien réconfortant et les linguine au saumon et caviar oscietre indécentes mais délicieuses. Avant le dîner, le lobby reste ouvert en formule snacking. Parfait pour profiter de ce lieu incroyable.

Renoma Café

32, avenue George-V, 8ᵉ • M° George-V
Tél. 01 47 20 46 19 • Ouvert tous les jours

Prix moyen à la carte 40 €

renoma-cafe-gallery.com

AVEC UN BON DANSEUR • Moitié loft indus', moitié galerie d'art, le Renoma Café est une institution de l'avenue George-V, joliment située en face du Four Seasons et du Prince de Galles. Ouvert en continu du *latte* du petit-déjeuner au dernier digestif sur fond de DJ Set, on se plaît à chaque heure dans cet endroit pluriel. À l'extérieur, on a le choix entre trois grandes terrasses, tandis qu'à l'intérieur, libre à vous d'opter pour votre salon préféré : sous la verrière, sur les chesterfields bien cosy ou près du babyfoot. Le chef Florian réalise tout maison, même les boudoirs pour le tiramisu ! Burrata coulante et ses toppings, croque-monsieur débordant de truffe fraîche, burger frites ou tataki de thon rouge parfaitement saisi. En dessert, on adore le cheesecake au *crust* très épais ou la tarte aux fraises en été, montée sur un sablé breton. Le personnel est adorable, soucieux de vous chouchouter et l'ambiance devient rapidement festive le soir.

Our

41, rue de Londres, 8e • M° Saint-Lazare ou Liège
Tél. 09 81 91 78 28 • Fermé dimanche

Menu à partir de 10 €, sandwich 6 €

ourkebab.com

AVEC UN ACCRO AU KEBAB • Las de la viande grasse agglomérée et surgelée qu'on vous sert partout ? Nous avons une bonne nouvelle : chez Our, le kebab est chic et gastronomique. Damien Schmitz, un ancien de la Marine nationale, lassé de ne pas trouver de bons kebabs à Paris, a décidé de consacrer une enseigne à sa spécialité de *street food* préférée. Les broches de viande fraîche sont préparées par la maison, une au veau, une bœuf-agneau. La viande se rapproche ainsi des *chawarmas* libanais ou des kebabs originels. Les recettes ont été travaillées par un chef étoilé et les marinades tomate-tandoori ou pesto-citronnelle excellentes. Tous les produits sont frais : pain artisanal, crudités de saison et les sauces, maison. Généreux et bon marché, on en mangerait presque tous les jours si l'on osait !

Terrasse de l'hôtel Warwick

5, rue de Berri, 8e • M° George-V
Tél. 01 45 63 14 11 • Ouvert en été, tous les jours

Menu midi 34 €

warwickhotels.com

AVEC UNE DULCINÉE À ÉPATER • Direction le huitième étage de l'hôtel. Ascenseur, un joli couloir feutré, puis une porte. On entre dans une suite et on passe par le salon pour arriver sur une splendide terrasse confortablement aménagée, avec vue sur la tour Eiffel. Plus romantique pour une demande, il n'y a pas ! Le chef, Ludovic Bonneville, laisse s'exprimer sa créativité avec un pied de veau pané et homard qui côtoie sur la carte un foie gras de canard aux pistaches et pain d'épice, jus au chocolat, le ris de veau se découvre en cocotte associé à des rognons, la sole bretonne, elle, est nappée d'une sauce meunière au citron confit. Pour que la demande soit inoubliable, optez pour le menu gastronomique en six plats réalisé devant vous (78 euros) avec accord mets-vins proposé par le sommelier de la maison.

Braisenville

36, rue Condorcet, 9ᵉ • M° Anvers ou Poissonnière
Tél. 09 50 91 21 74 • Fermé samedi midi et dimanche

Menu midi 18 €

braisenville.com

AVEC UNE FIANCÉE GLAÇANTE • Juste en dessous de Pigalle, un restaurant pour le moins original et pionnier à Paris éclaire la rue de ses lumières orangées, *very seventies*. Une salle carrée, des néons rouges et le héros de ces lieux : le four Josper (combinaison entre un four et un barbecue ouvert). Tout y passe : les légumes, les poissons, les excellentes viandes, servies façon tapas. L'idée est de commander trois ou quatre assiettes qui constitueront le dîner et de partager avec votre partenaire. Émulsion de rattes du Touquet, pleurotes et noix, ceviche de maigre et patates douces, merlu de ligne et quetsches, persillé de bœuf black angus, filet mignon de cochon, cru-cuit de quasi de veau de lait tomates confites au cumin, le tout magnifié par une cuisson à la braise pour une expérience tout feu tout flammes. Le service est remarquable et les conseils sur les accords mets-vins avisés. Réchauffement des relations garanti...

Buvette Gastrothèque

28, rue Henry-Monnier, 9e • M° Saint-Georges ou Pigalle
Tél. 01 44 63 41 71 • Ouvert tous les jours

Tartine 5 €, verre à partir de 6 €

ilovebuvette.com

AVEC WOODY A. POUR SE LA JOUER ANNIE HALL • Jody Williams nous vient tout droit de Greenwich Village, et on s'y croirait presque tant sa buvette rappelle le New York bohème de nos rêves : grand comptoir en marbre, briques grattées et pierres apparentes aux murs, chaises d'écoliers et immenses étagères qui peinent à contenir tous les vins : rien ne manque. L'air y est décontracté-chic, comme dans un remake de *Annie Hall*. Ici, on peut prendre l'apéro à toute heure, avec élégance. En tapas ou petites assiettes, on goûtera la salade de fenouil et orange épicée, des moules en escabèche, un mini croque-monsieur, un petit aligot ou une lichette de jambon de Bayonne ou de rillettes. Avec dans la tête les plus beaux dialogues de l'histoire du cinéma et dans son verre, une belle sélection de vins, bien français !

Le Patio Opéra

5, rue Meyerbeer, 9e • M° Opéra
Tél. 01 40 98 00 92 • Fermé samedi et dimanche

Prix moyen à la carte 50 €

lepatio-opera.com

AVEC UN SHOPPING ADDICT • Situé dans le quartier de l'Opéra Garnier, le Patio Opéra est la pause bien méritée après un shopping intense dans les magasins tout proches. Après avoir passé un joli lobby, vous accédez à un patio caché, à l'abri des regards et du bruit. Posez vos emplettes et laissez-vous aller à quelques délices bistrotiers aux accents tantôt corses, tantôt italiens. La maison a même imaginé un semainier, façon grande brasserie : suprême de pintade à la plancha, selle d'agneau de lait, sardines au four, hampe et patate douce ou cabillaud légumes sautés. Une averse ? Le Patio s'abrite comme par magie. En fin de soirée, tendez l'oreille et rejoignez la piste, le lounge se transforme en dancefloor (privatisations possibles).

Le Pigalle

9, rue Frochot, 9e • M° Pigalle
Tél. 01 48 78 37 14 • Ouvert tous les jours

Tapas à partir de 8 €

lepigalle.paris

AVEC UN GOURMET ARTY • Dans le lobby de cet hôtel tendance, on se régale de jolies assiettes de saison servies à toute heure. Locale et fleurie, la carte a été échafaudée avec des commerçants ou des fournisseurs locaux, ceux qui revendiquent le terroir parisien. Le croque-monsieur est hyper beurré, la burrata fond, les asperges s'acoquinent avec du bleu d'Auvergne, les arancinis sont moelleux à souhait. La sélection de vins, essentiellement naturels, relève de la même philosophie. Servie à toute heure, simple et accessible. Pas de concept fumeux, juste des breuvages faciles à comprendre et à déguster.

Le Roy's

73, rue Blanche, 9e • M° Blanche • Tél. 01 49 70 03 82
Fermé dimanche, lundi midi et samedi midi

Menu à partir de 15 €

royspub.com

AVEC UN ACCRO AU FOOT • Chez Roy's, à deux pas du Moulin Rouge, on est comme à la maison, les pompes à bière en plus pour visionner un bon classico Real Madrid / Barcelone ou un Lyon / Saint-Étienne. Ici, on peut mettre les coudes sur la table, on peut crier au premier penalty, et à la mi-temps passer à table pour refaire le match. Pas de grande cuisine, mais du burger, exclusivement. Du carnivore, du dégoulinant de cheddar, du *veggie* (galette de légumes et tofu, sur lit de germes de poireaux et de chou rouge), du fermier avec le poulet, du double portion pour les gros appétits. Les frites et garnitures sont maison, les jolis *buns* dodus couleur caramel viennent tout droit de chez Rachel's, et la salade est fraîche et drôlement bien assaisonnée. C'est envoyé avec panache, le cheese-cake est un régal, et les amateurs de bières découvriront quelques pépites allemandes comme la Warsteiner. Et c'est le but !!!!

Maison de la Culture Arménienne

17, rue Bleue, 9e • M° Cadet
Tél. 01 48 24 63 89 • Fermé dimanche

Plat + café à 10 € environ

Facebook : Maison de la Culture Arménienne

AVEC UN FAN DE CHARLES AZNAVOUR • Rien ne signale la présence du centre culturel arménien derrière la porte bleue du 17, rue... Bleue. Et pourtant, là, au fond d'une cour arborée, au premier étage d'un discret pavillon, entre les cours de chants, de danse traditionnelle et les activités caritatives proposées à la communauté se trouve la plus singulière des salles de restaurant, ouverte à tous, midi et soir. Sans manières, sans chichi, Tchinar et Mamikon, le couple aux manettes de cet endroit extraordinaire, vous accueillent avec chaleur. Pas de carte. On vous dira ce qui aura été préparé le matin même : des aubergines farcies fondantes, des *beureks* aériens, des brochettes parfumées ? À vous de décider, de toute façon, tout est bon et cuisiné par les propriétaires du lieu, des amis pour toujours dès votre première visite.

Yoom

20, rue des Martyrs, 9e • M° Notre-Dame-de-Lorette
Tél. 01 56 92 19 10 • Ouvert tous les jours

6 € pour 2 pièces

Autres adresses : 5, rue Grégoire-de-Tours, 6e • 76, rue Bonaparte, 6e

yoom.fr

AVEC UNE AMIE D'ASIE • Yoom, c'est l'histoire de deux camarades qui, revenant de Chine, furent déçus de ne pas trouver à Paris de cantine à *dim sum*, ces fameuses petites bouchées chinoises cuites à la vapeur et fourrées à la viande, aux légumes et agrémentées de divers condiments. N'étant pas hommes à ruminer, ils s'attelèrent rapidement à cette création dont le succès ne s'est pas démenti depuis. La recette ? Un décor moderne néo-asiatique mélangeant pierres apparentes, paravents et banquettes turquoise. Et bien sûr, dans leurs paniers en osier qui sortent vitesse grand V des cuisines, des bouchées servies par paires, aux recettes toujours raffinées et originales : esturgeon et sésame, bœuf et gingembre ou poulet, tamarin et cacahuètes grillées. On arrose ça d'une bière chinoise, avant de craquer pour les boules de riz gluant au sésame noir en dessert.

La Pointe du Grouin

8, rue de Belzunce, 10e • M° Poissonnière ou Gare-du-Nord
Tél. 01 48 78 28 80 • Fermé samedi midi et dimanche

Assiette à partir de 6 € le midi, 8 € le soir

lapointedugrouin.com

AVEC VOTRE MONITEUR DE VOILE • Enfin un restaurant 100 % breton où l'on ne mange pas que des crêpes. En entrant dans cette taverne médiévale moderne où les vélos sont accrochés aux murs, on se débarrasse dans un premier temps de ses euros pour les transformer en grouins, la monnaie locale (1 grouin = 1 euro). Puis on passe la longue carte de Thierry Breton en revue, on commande, on attend son galet numéroté et on reste attentif aux appels du micro qui invitent à venir récupérer ses victuailles dans des cagettes en bois. Artichaut breton, œuf mayo, craquelin de Saint-Malo et tapenade d'olives vertes, patates tièdes de l'île de Ré, galette saucisse, groin pané, risotto de homard... Dans le verre, une Philomenn à la pression, une bolée de cidre ou du jus de pomme. Dans ce repaire de marins, même le pain est maison, et la bonne humeur règne en maître.

Le Galopin

34, rue Sainte-Marthe, 10e • M° Belleville ou Colonel-Fabien
Tél. 01 42 06 05 03 • Fermé lundi et dimanche

Menu déjeuner entrée plat dessert 19 €, dîner en 4 temps 44 €

le-galopin.paris

AVEC UN AMATEUR DE CUISINE D'AUTEUR • Le Galopin renaît sous la houlette de Julien Simonnet, un jeune chef qui a démarré son parcours dans des maisons étoilées et bistronomiques à Paris, en province et au Japon. Si, au déjeuner, le restaurant propose une cuisine de bistrot parisien régressive, le soir, place à la gastronomie avec un menu dégustation en quatre plats. Le chef travaille uniquement en circuit court et fait évoluer sa carte très régulièrement à partir de ce que la nature propose. Parmi les suggestions à la carte, on retiendra la thonine oignons de Roscoff jaune d'œuf et ciboulette ou le butternut bouillon de crabe vert huile d'ail et œufs de truite de banka. Poire/matcha/rhum/pistache en dessert. Une adresse à tester !

Grand Café d'Athènes

74, rue du Faubourg Saint-Denis, 10e • M° Château-d'Eau
Tél. 01 74 64 65 46 • Ouvert tous les jours

Prix moyen à la carte 40 €

grandcafedathenes.fr

AVEC UN CHYPRIOTE *LOST IN TRANSLATION* • Chloé et Benjamin, les rois du *sourcing* hellénique, frappent fort avec leur deuxième adresse : un bistrot grec comme à Athènes où la majorité des produits sont directement importés du. Le miel, la feta, l'huile d'olive bio, le nouboulo. Ces amoureux de ce beau pays ont voulu recréer l'ambiance hellénique à Paris. Que la valse des *mezzedes* commence : tzatziki maison et pita grillée à l'origan, crème d'olives de Kalamata, beignets de courgettes et *spanakopita* (petits chaussons aux pousses d'épinards, herbes fraîches, poivre et feta). La viande du gyros, cuite à la broche, est excellente. En dessert, le yaourt glacé au miel de thym et granola vert est très rafraîchissant et le gâteau glacé à la noisette recouvert de marmelade de mûres un régal.

Shouk

59, rue de Lancry, 10e • M° Jacques-Bonsergent
Tél. 09 87 57 87 68 • Fermé lundi

Formule à partir de 19 €

shoukparis.fr

AVEC UN AMOUREUX DE LA CUISINE LEVANTINE • C'est la cantine méditerranéenne du canal Saint-Martin qui ne désemplit jamais. Depuis quelques années, Shouk régale les gourmands grâce à ses superbes cuissons au barbecue traditionnel (mangal). Nouveau capitaine à bord, le chef Yaron Vaknin nous offre sa vision de la cuisine levantine : chou-fleur rôti au zaatar, *matbucha* (tomates cuites pendant 16 heures), betteraves sorties des cendres, *babaganoush*... voilà de quoi débuter le voyage. Puis le schnitzel fait son entrée, accompagné d'un kebab bœuf-agneau-tomates grillées et piment. Le cuisinier travaille admirablement les poissons, à l'instar de ce sublime tartare de bar de ligne servi avec une burrata déchirée, des framboises, un jus de pastèque-concombre et une vinaigrette aux herbes brûlées. Les assaisonnements sont parfaits.

OBU

200, rue du Faubourg-Saint-Martin, 10ᵉ • M° Château-Landon ou Louis-Blanc
Tél. 01 40 37 85 87 • Ouvert tous les jours

Menu 15 €

obu-organisation-des-burgers-unis.lafourchette.rest

AVEC UN NÉGOCIATEUR INTERNATIONAL • Dans la famille burger, je demande le Franchouillard ! Mais aussi le Mexicain, le Thaï, l'Oriental... À l'OBU (Organisation des Burgers Unis), la viande vient de chez Hugo Desnoyer et s'associe au cheddar affiné, aux oignons, à la poitrine grillée et à la sauce secrète de la maison dans le Road 66 (gros coup de cœur). Le Douce France a le mérite d'être original. L'équipe a osé emprisonner des aiguillettes et du magret de canard dans le *bun* avec des oignons doux, un chutney de figue et du bleu d'Auvergne dégoulinant depuis le sommet du pain aux oignons frits. L'Asian Trek cache du poulet mariné au lait de coco dans un pain au paprika, tandis que l'Orient Express est composé d'un haché d'épaule d'agneau, cannelle, coriandre et citron confit dans un pain au pavot. Belle surprise en dessert avec des cheese-cakes faits maison.

Aux Deux Amis

45, rue Oberkampf, 11e • M° Oberkampf ou Parmentier
Tél : 01 58 30 38 13 • Ouvert du mardi au samedi de 12h à 2h

Menu midi 18 €

Facebook : Aux Deux Amis

AVEC DES ANTI-MEETIC • Aller Aux Deux Amis, c'est un peu comme aller chez des copains qui cuisinent bien et qui aiment recevoir. Ces copains, ce sont des anciens du mythique Chateaubriand de l'avenue Parmentier. Dans leur troquet *seventies* à peine remis au goût du jour, le comptoir est bondé, ça parle fort, et les tablées se partagent joyeusement des assiettes-tapas enthousiasmantes. Carpaccio de lotte, suprême de poulet, *burrata*, jolis sashimis, *pluma* ibérique, mozzarella coulante, morbier aux poires, hampe de bœuf, rillettes de sardines, *manchego, pata negra*... Et puis, ici, on ne la joue pas mini portion ! Jolis flacons et service au verre possible. L'esprit de la maison est "à la cool", on se tutoie, et les patrons ont vite fait de lier connaissance.

Clamato

80, rue de Charonne, 11e • M° Charonne
Tél. 01 43 72 74 53 • Ouvert du mercredi au vendredi de 19h à 23h,
samedi et dimanche de 12h à 23h

Assiette à partir de 7 €

clamato-charonne.fr

AVEC LE CAPITAINE NEMO • Dans ce décor un peu brut aux multiples tables d'écolier, on lit la carte avec délectation. Tout donne envie dans cette version mer de Septime ! Ici, pas de menu classique entrée-plat-dessert, on piochera parmi des propositions plus alléchantes les unes que les autres : assiettes d'anguille fumée coco et graines, couteaux au beurre d'herbes et amandes, un vrai *surf and turf* avec ce tartare de veau aux huîtres ou une daurade royale aux framboises fraîches, ceviche de mulet noir au pamplemousse blanc ou encore d'irrésistibles coques parfumées à l'ail des ours. Mais tout cela se mérite. La réservation est impossible. Donc, soit on arrive dès 19h, soit on patiente au bar pour un apéro à rallonge, parfait pour tester les trouvailles de la maison. Une claque, mais iodée !

Clown Bar

114, rue Amelot, 11e • M° Filles-du-Calvaire
Tél. 01 43 55 87 35 • Ouvert du mercredi au dimanche

Assiettes de 7 à 26 €

clown-bar-paris.fr

AVEC UN TRISTE SIRE À DÉRIDER • Elle en a vu passer des artistes, l'ancienne buvette du Cirque d'Hiver ! Et si les clowns ont disparu de la salle, on les retrouve sur les fresques classées de l'établissement et même au plafond ! En cuisine, un chef brillant, Sota Atsumi, un ancien de chez Vivant. Surfant sur la mode des tapas gastronomiques actuelles, il propose une carte présentée façon slash en trois ingrédients : thon blanc/betterave/framboises ; salade de poulpe/pommes de terre/olives noires ; courgette/ricotta fumée/moelle ; couteau/chou-fleur/concombre, à déguster idéalement au comptoir ou sur la terrasse qui compte une vingtaine de places.

Deux Fois Plus de Piment

33, rue Saint-Sébastien, 11e • M° Saint-Ambroise ou Richard-Lenoir
Tél. 01 58 30 99 35 • Fermé lundi

Menu midi à partir de 7 €

À découvrir aussi, deux autres adresses "cousines" dans la même rue :
170 et 184, rue Saint-Martin, 3e • M° Étienne-Marcel

Facebook : Deux Fois Plus de Piment

AVEC UN AMANT INFIDÈLE • Palais sensibles, fuyez ce lieu, sous peine de vous voir gentiment moqués par les Sichuanais attablés à côté de vous. Et lisez bien le panneau sur lequel il est écrit que le piment peut "causer des maux de ventre ou la diarrhée". Sûr de vous ? Alors, affrontez le bœuf au piment vinaigré, la soupe ravageuse, la mini fondue au poulet pimenté ou le poisson à la soupe explosante. Attendez un peu sans vous frotter les yeux (vous pourriez les brûler !). Ça y est : les yeux pleurent, votre sueur perle, des rougeurs vous envahissent... Ça chauffe comme les flammes de l'Enfer ! À fréquenter quand il fait froid ou pour vous venger d'un(e) volage !

La Baraque

102, rue de Charonne, 11e • M° Charonne • Tél. 01 43 72 24 54
Fermé dimanche, ouvert jeudi jusqu'à 2h, vendredi et samedi jusqu'à 5h

Menu groupe à partir de 39 €

labaraque.com

AVEC UNE DANCING QUEEN • Un décor baroque sublime au plafond vertigineux, des murs remplis de cadres et de miroirs immenses et partout des chesterfields, banquettes et autres canapés recouverts de coussins. On vient ici en bande et on commence un apéro à rallonge à grand renfort de Blue Lagoon, de mojitos ou de Pulp Fiction (tequila, pamplemousse et ananas), le temps que la troupe soit au complet. Puis on déguste un foie gras et son chutney de figues, un burger sur pain de mie, un parmentier de canard, des Saint-Jacques sautées, un sashimi de thon à l'huile de sésame, des nems de gambas et guacamole ou un carré d'agneau et sa purée maison au thym. Doucement sur les desserts : il est l'heure de descendre au club pour danser au son des années 1980 ou de la variété française mâtinée de tubes techno ou disco.

La Casbah

18, rue de la Forge-Royale, 11e • M° Ledru-Rollin ou Faidherbe-Chaligny
Tél. 01 43 71 04 39 • Ouvert tous les jours à partir de 19h30

À partir de 35 €

casbah.fr

AVEC DES NOCEURS • Passez les lourdes portes en bois sculpté et laissez la chaleur du Maroc s'emparer de vous. Dans ce temple du Moyen-Orient tamisé par la lumière de bougies rouges, on se régale entre deux chorégraphies réalisées par des danseuses orientales qui ne manqueront pas de vous inviter à onduler du ventre et des hanches. Comme là-bas, *méchouia*, *briwates* au poulet ou au thon, ou encore tagines dont le Shehrazad à l'agneau, aux figues et aux noix. Bien entendu, le couscous est de la partie, notamment le *T'Faïa* aux raisins, amandes, oignons et miel. Bien lesté, déjà pompette, empruntez donc le grand escalier pour vous retrouver sur une piste de danse… et là, c'est parti pour faire la fête jusqu'au petit matin ! Mais sur des musiques d'aujourd'hui.

Le Chalet Savoyard

58, rue de Charonne, 11ᵉ • M° Charonne
Tél. 01 48 05 13 13 • Ouvert tous les jours

Menu 33 €, raclette 23 €

chalet-savoyard.fr

AVEC JEAN-CLAUDE DUSSE • Quand te reverraiii-je, pays merveilleeeeux ? Oui, il va désormais falloir patienter un an avant de retourner en Savoie. Alors, pour les nostalgiques des remontées mécaniques, du vin chaud en haut des pistes et des moniteurs bronzés, on file au Chalet tout de bois revêtu. Au programme : jambon de Savoie, tarte au reblochon, croûtes (salades), pierrades, potences, mont-d'or gratiné sur des pommes de terre, mais surtout fondues et raclettes. Au roquefort, ail et fines herbes, aux morilles, au champagne, au chèvre, au poivre vert, voilà pour les fondues. Accompagnée de charcuterie et de pommes de terre à volonté, la raclette se veut classique au lait cru, au morbier, frottée au vin blanc, à la tomme de chèvre ou au bleu. À déguster avec un pétillant de Savoie puis un génépi en digestif pour faire passer tout ça et retour tout schuss à la maison.

Le Négus

52, rue de Montreuil, 11e • M° Faidherbe-Chaligny
Tél. 01 43 48 91 52 • Ouvert tous les jours de 12h à 14h et de 19h à minuit

Entrée à partir de 6 €, *mezze* 16,50 €

Facebook : Le Negus

AVEC UN OISILLON AFFAMÉ • Escale du jour ? Addis-Abeba ! Sisay et Sitina, Éthiopiens pur souche et amoureux de leur pays, se feront ambassadeurs d'un jour si vous venez chez eux pour la première fois. Anecdotes sur l'Éthiopie, explication sur la déco... pas de meilleure entrée en matière avant de commencer ce grand voyage culinaire avec l'*azifa*, une purée de lentilles cassées à la moutarde et au citron vert. Ensuite, sur un grand plateau sont disposées les spécialités éthiopiennes : poulet épicé, assortiment de chou, d'épinards et de lentilles ainsi qu'un tartare de bœuf au fromage. Pas de couverts, on mange avec les doigts ! Et surtout, on se donne la *gourcha* ("la becquée") en signe d'amour et de convivialité. Savoureuse, finement épicée, surprenante, cette cuisine du bout de l'Afrique ne ressemble à aucune autre.

Les Niçois

7, rue Lacharrière, 11e • M° Saint-Maur ou Saint-Ambroise
Tél. 09 84 16 55 03 • Ouvert tous les jours de 12h à 2h, le dimanche de 11h à 17h

Menu midi 16 €

lesnicois.com

AVEC BRICE • Ève, Luc et Vincent étaient certainement en manque de soleil lorsqu'ils ont ouvert cette adresse pour recréer un coin de leur Sud chéri. Dehors, des transats rappellent la plage, dedans, quelques tables façon écolier et des meubles aux couleurs acidulées pour égayer tout ça. Sans surprise, on se régalera de soccas (crêpes niçoises à base de pois chiches), de pissaladières et pans-bagnats, sans toutefois faire d'ombre aux boulettes de viande épicées et parfumées, aux frites à la farine de pois chiche et à la tapenade. L'esprit de la maison ? Le partage. Planches et assiettes trônent au milieu de la table où chacun picore à sa guise avant de descendre jouer à la pétanque au sous-sol sur le terrain escamotable. Dans le verre, des mauresques (pastis et sirop d'orgeat), du pastis pur (avec de l'eau quand même), de la bière et quelques vins. Mais avant de tirer ou de pointer (avé l'accent !), réservez votre terrain !

Melt

74, rue de la Folie-Méricourt, 11e • M° Parmentier
Tél. 09 81 36 42 76 • Ouvert tous les jours

Formule 19 €

Autres adresses sur **meltparis.com**

AVEC UN CARNIVORE TEXAN • Melt nous offre un voyage culinaire au cœur du Texas et du sud des États-Unis, en faisant la part belle aux longues cuissons au barbecue parfaitement maîtrisées. Les fours sont alimentés au bois de chêne 24h/24 et les cuissons durent de 4 à 18 heures. Au menu : *Thick slab maple bacon* (épaisse tranche de bacon fumé maison et terminée à la braise) ou *Mexico city style wood fire chicken* (demi-poulet mariné 48h, fumé puis fini au charbon de bois). Le black angus burger est à goûter aussi ainsi que le fondant *pulled pork*. Venez à plusieurs et partagez tous les sides, ils sont diaboliques, notamment le *corn bread*. Excellent *carrot cake* en dessert.

Ober Mamma

107, boulevard Richard-Lenoir, 11e • M° Oberkampf
Tél. 01 58 30 62 78 • Ouvert tous les jours

À partir de 13 €

bigmammagroup.com

AVEC NANNI MORETTI • Ici, honneur est fait aux produits italiens gourmets et au vignoble transalpin, de préférence biodynamique ou nature. Dans l'assiette, de la *bresaola* divine, du saucisson à la truffe ou au fenouil, des jambons artisanaux, de la mozzarella fumée, puis des *bruschettas* ou les fabuleuses pizzas napolitaines qui se classent depuis l'ouverture dans le "top trois" des pizzas parisiennes. Mais pour se la jouer romantique et partager le même spaghetti, il faut goûter les *pasta fresca*, faites maison chaque jour avec de la semoule de blé dur. Le plus difficile consiste à choisir la garniture : tomates confites, ricotta, basilic ou crème de *pecorino* artichauts, ou encre de seiche, calamars, zestes de citron et enfin crème de parmesan, *bresaola*, jeunes pousses d'épinards. *Madre mia !*

Pierre Sang in Oberkampf

55, rue Oberkampf, 11e • M° Oberkampf
Tél. 09 67 31 96 80 • Ouvert tous les jours

Menu midi 20 €

pierresangboyer.com

AVEC UN CURIEUX SANS PRÉJUGÉS • Impossible d'oublier Pierre Sang et sa place de finaliste dans l'émission *Top Chef* en 2011. Mais évitez cependant de lui rappeler ses prestations télévisuelles : le jeune chef préfère qu'on lui parle de sa cuisine actuelle servie dans ce chouette comptoir gastronomique. Pas de réservation possible ni de menu, ici on fait confiance au chef dans un menu à l'aveugle composé de six plats-tapas. On va malgré tout lever le mystère et dévoiler quelques-uns de ses plats audacieux : maquereau, sucrine, parmesan, œuf cuit à basse température, caviar d'aubergine, haricots croquants et parmesan, thon préparé façon sushi, béarnaise vinaigrée et croquette d'andouillette frite ou aiguillettes de bœuf tranchées finement et risotto de blé. Le menu est imposé certes, mais pas figé, il ne faut donc pas hésiter à donner ses préférences, vous êtes tout de même venus pour vous régaler !

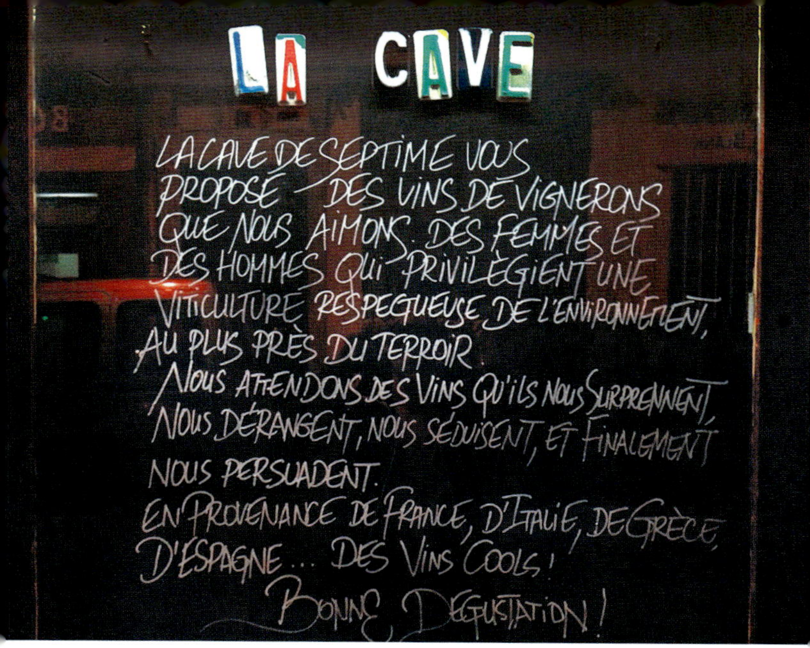

Septime, la Cave

3, rue Basfroi, 11e • M° Charonne
Tél. 01 43 67 14 87 • Ouvert du mardi au samedi de 16h à 23h, dimanche de 17h à 22h

Verre à partir de 4,50 €, tapas à partir de 4 €

septime-lacave.fr

AVEC UNE BONNE DESCENTE • Après Septime, le restaurant de Bertrand Grébaut, je demande la cave. A-t-elle été créée pour les désemparés n'arrivant jamais à avoir de table à la maison mère ? Peu importe, on y vient pour faire ses emplettes, mais le mieux est de s'y attarder, car la liste des réjouissances s'avère de grande qualité. Une centaine de références attendent sur les étagères mettant en valeur le travail de vignerons qui privilégient une viticulture respectueuse de l'environnement et dans l'assiette des tapas gastronomiques franco-italiennes : olives de Kalamata, rillettes de truite, magret de canard fumé chez Septime, comté longuement affiné et une belle sélection charcutière dévorée avec le pain de la maison Landemaine. Les conseils des serveurs sont excellents, la trancheuse tourne à plein régime, et le joyeux brouhaha des gourmets augmente à mesure que les heures passent.

Boucherie Les Provinces

20, rue d'Aligre, 12e • M° Ledru-Rollin • Tél. 01 43 43 91 64
Ouvert du mardi au dimanche de 12h à 14h, jeudi et vendredi de 19h à 21h30

Pièce de viande à partir de 14 €, droit de cuisson en plus 9 €
Grignotages le midi à partir de 8,80 €

boucherie-lesprovinces.fr

AVEC DES VIANDARDS EXIGEANTS • Une boucherie-table d'hôtes pour servir de la viande sans intermédiaire aux amateurs. Christophe Dru avait cette idée depuis longtemps en tête. Situé en plein cœur du marché d'Aligre, l'endroit est divisé en deux : sur la gauche, la boutique et son étal soigné ; sur la droite, la partie restaurant avec ses tables d'hôtes. Ici, on est libre de choisir sa pièce sur la carte ou directement sur l'étal, moyennant un droit de cuisson en plus. La bonne idée de la maison ? "Les petites faims" qui permettent de profiter d'une belle pièce en format réduit. Belle sélection de vins, dont certains naturels, et bonnes terrines et autres carpaccios pour grignoter en attendant les choses sérieuses.

Maguey

99, rue de Charenton, 12e • M° Ledru-Rollin
Tél. 09 81 09 48 92 • Ouvert du mardi au samedi

Assiette à partir de 8 €

maguey.fr

AVEC SON PSY OU UNE ÉMOTIVE ANONYME • Oubliez carte et menu ! Quand on dîne chez Maguey, on ne choisit pas un plat, mais un adjectif en fonction de ses sensations que l'on souhaite ressentir pendant la dégustation. On fait ainsi confiance aux deux jeunes chefs Vivien Loison et Jonathan Gérard (précédemment à la Closerie des Lilas) et on se laisse embarquer pour un voyage gustatif à travers les continents. Après s'être enquis de vos goûts et éventuelles intolérances alimentaires, vous découvrez un menu à l'aveugle qui débute par des ravioles déstructurées emprisonnant seiche, chou rouge et mangue. Puis un quasi de veau laqué au sirop d'érable est présenté avec des quenelles de chocolat. Déroutant ! En dessert, des billes de pommes granny smith pochées, un *crust* qui tient ses promesses et une fabuleuse glace maison aux clous de girofle. Malicieux, enjoué, rebelle ou douillet : de quelle humeur serez-vous ce soir ?

Virtus

29, rue de Cotte, 12e • M° Ledru-Rollin
Tél. 09 80 68 08 08 • Fermé dimanche et lundi

Menu unique 59,50 €

virtus-paris.com

AVEC UN BEC FIN • Après un passage rue Crozatier, Virtus a déménagé dans la délicieuse rue de Cotte, à deux pas du marché d'Aligre. La vaste salle à manger aux dominantes bleu et vert s'est parée de lampes vintage, de poteries chinées et de coussins épais. Aux fourneaux, les audacieux Chiho Kanzaki et Marcelo di Giacomo sont passionnés par le goût et les produits. Ils mettent d'ailleurs un point d'honneur à choisir eux-mêmes leurs petits producteurs et passent leur temps libre à leur rendre visite et à en trouver de nouveaux. Il en résulte une cuisine franche, métissée, savoureuse, nourrie de multiples inspirations. La saint-jacques se déguste crue et s'acoquine avec du chou-fleur et une soupe de pomme verte ; les asperges sont tout simplement rôties, servies avec une sauce à l'orange, relevée par le *sansho* (poivre japonais). Les cuissons sont précises, les condiments savamment dosés, les accompagnements impeccables... Un sans-faute.

La Butte aux Piafs

31, boulevard Auguste-Blanqui, 13e • M° Corvisart
Tél. 09 70 38 55 11 • Fermé dimanche

Carte à partir de 20 €

labutteauxpiafs-paris.fr

AVEC UN TITI PICOLEUR • Pas de soirée "aux Piafs" sans un bon cocktail. Servi sur un bloc de glace, le Truffe blanche vaut le détour ! Whisky écossais, *bitter* de truffe blanche, angostura et sirop de bière d'abbaye infusé au zeste de citron jaune : *cheers* ! Après ça, on sera fin prêt pour goûter une brochette de gambas à la plancha, un pavé de thon mi-cuit, des lasagnes aux légumes confits, un tartare de bœuf au couteau ou le bacon black burger au pan-bagnat noirci à l'encre de seiche et garni de bacon grillé, cheddar, oignon confit et sauce barbecue épicée. En dessert, un moelleux au chocolat de Tanzanie et sa glace à la mandarine de Sicile ou une crème de citron légère au *yuzu*.

Auto Passion Café

197, boulevard Brune, 14ᵉ • M° Porte-d'Orléans
Tél. 01 45 43 20 20 • Ouvert tous les jours

Menu midi 15,50 €

autopassioncafe.fr

AVEC UN TIGRE DANS LE MOTEUR • Retroussez vos manches et évitez de vous faire une manucure la veille, car vous allez mettre les mains dans le cambouis ! Le décor insolite de ce restaurant est dédié aux voitures, aux grosses cylindrées et aux sports mécaniques. Chaque détail est connoté auto ou moto. Les poignées de la porte d'entrée ? De véritables jantes. Le menu ? Exposé sur une pompe à essence. On s'amuse à regarder partout, puis on s'installe autour d'une table transparente qui abrite un moteur de Formule 1. Pendant que la mécanique chauffe, on sirote un cocktail, puis on appuie sur le champignon et on goûte des *tempuras* de gambas, un filet de bar, un tartare de bœuf, un suprême de volaille ou un énorme burger. Arrêt au stand. Il est temps d'aller voir le décor des toilettes, pas mal non plus !

Aux Enfants Gâtés

4, rue Danville, 14e • M° Denfert-Rochereau
Tél. 01 40 47 56 81 • Ouvert du mardi au samedi

Menu midi 30 €

auxenfantsgates.fr

AVEC UN FIN GOURMET • Ce bistrot-gastro a ouvert en 2013 près de la rue Daguerre, après quelques mois de travaux supervisés par un architecte qui en a fait un refuge chaleureux et élégant pour les gourmets. La carte est courte, de saison, et tous les produits sont frais et entièrement travaillés par le chef Frédéric Bidault, qui officie seul en cuisine. Cailles en escabèche, ravioli de céleri, cèpes et foie gras, terrine de faisan ou mousseline de brochet et pied de porc croustillant. Oui, on sait, le choix est impossible. Mais Caroline (la femme du chef) saura vous distiller ses précieux conseils. En dessert, ce sera riz au lait et sa mousse au caramel et mousse de marron crème fouettée à la vanille. Deux desserts aussi copieux que légers qui permettent juste d'avoir encore assez d'appétit pour goûter les divins financiers du chef avec le café.

L'Astérie, Côté Jardin et l'Orée

Lycée hôtelier Guillaume-Tirel, 237, boulevard Raspail, 14e • M° Raspail
Tél. 01 44 84 19 30 • Réservation en ligne

Déjeuner à partir de 16 €

lyceeguillaumetirel.fr/restauration

AVEC UN RADIN GOURMAND • Quelle aubaine ! Ici, le dîner gastronomique commence à 19h15 précises et ne coûte que la bagatelle de 20 euros ! Les menus sont annoncés plusieurs semaines à l'avance, on peut ainsi choisir son jour en fonction des mets proposés. Mais pas cher ne veut pas dire bâclé. Voyons donc le dîner "champignons"... Pas question d'un émincé sans esprit, mais plutôt d'une grecque de champignons et son œuf basse température suivis d'un suprême de pintade poudré, cèpes grillés et jus corsé et pour finir, une glace aux morilles et caramel de cèpes secs et fruits flambés en salle. Plus classique, le dîner automnal avec tartare d'avocat, poulet fermier rôti petits pois à la française et enfin pomme verte, concombre et coco pourrait vous plaire aussi, non ? Beau dressage, tenue impeccable et sourire en prime, sans supplément !

Le Duc

243, boulevard Raspail, 14e • M° Raspail
Tél. 01 43 20 96 30 • Ouvert du mardi au samedi

Menu midi 55 €

restaurantleduc.com

AVEC UN ESTHÈTE EN MAL D'IODE • Créé dans les années 1960, le Duc est alors l'un des premiers restaurants à travailler le poisson cru. Le décor signé Slavik fait penser à un bateau où le bois des murs flirte avec de grosses tortues. À la carte, qui dépend des arrivages et des saisons, le meilleur de la mer. Homard breton, huîtres, sole, lotte, tous cuisinés de manière simple pour laisser les produits exprimer leur saveur iodée. Les Saint-Jacques de la baie de Saint-Brieuc sont servies dans leurs coquilles, cuisinées au naturel. La belle sole charnue est proposée meunière puis préparée en filets sous vos yeux par un personnel jeune mais déjà hyperprofessionnel. Pascal Hélard, le chef, aime le poisson au naturel, mais sait le réinventer comme avec cette lotte sauce porto. On reste dans l'univers classique avec le chariot des desserts : île flottante, tarte au citron superbement acidulée, moelleux au chocolat...

Les Fauves

33, boulevard Edgar-Quinet, 14e • M° Montparnasse-Bienvenüe
Tél. 01 72 38 58 92 • Ouvert tous les jours

Formule déjeuner 17 €

lesfauves.paris

AVEC UN ANIMAL SAUVAGE • C'était une vieille brasserie à laquelle on ne prêtait guère attention. Les Fauves ont accouru, ont tout cassé et ont découvert des murs de pierre qu'ils ont délibérément choisi de garder bruts. Associez le tout à des suspensions industrielles, un joli mobilier, une équipe extrêmement serviable ainsi qu'une carte alléchante, et cela donne ce restaurant au poil. Chez ces rugissants, on prône le bio quand c'est possible, on privilégie les circuits courts et on mange locavore, à prix serrés. En entrée, l'œuf mimosa bio est revisité, le chou-fleur se déguste en velouté crémeux, la terrine de volaille s'acoquine avec piquillos et piment d'Espelette et le lieu est présenté en ceviche avec patates douces, grenade et perles du Japon. Le saumon est confit, relevé par des pickles, des câpres, du cresson et une fine mayonnaise au wasabi. À goûter absolument : le croque-monsieur maison, le plus long de Paris !

Un Jour à Hà Nôi

46, rue Daguerre, 14e • M° Gaîté ou Denfert-Rochereau
Tél. 01 42 18 16 92 • Fermé dimanche

Carte 15 €

Facebook : Un Jour à Hà Nôi

AVEC L'AMANT DE MARGUERITE DURAS • Les recettes de cette maison familiale sortent tout droit du livre de recettes de la mamie, les ingrédients ultrafrais sont sélectionnés avec soin, et les prix pratiqués très serrés. La pâte des raviolis sait se faire discrète pour qu'explose en bouche l'accord porc-cannelle, les crêpes vietnamiennes et les salades regorgent d'herbes aromatiques, le *phô* au poulet fermier est un péché mignon, et le *bo-bun* au bœuf mariné à la citronnelle est une merveille. Peut-être grâce aux délicats vermicelles, aux nems croustillants richement garnis ou au parfum de menthe qui imprègne tout le bol ? Les puristes apprécieront de pouvoir se régaler d'un *com niêu* : une marmite brûlante dans laquelle finit de cuire un porc au caramel associé à du lait de coco et à un œuf mijoté. Attention, sans réservation il est presque impossible de dîner, et au déjeuner, les places sont chères.

Ida

117, rue de Vaugirard, 15e • M° Falguière ou Montparnasse-Bienvenüe
Tél. 01 56 58 00 02 • Fermé dimanche

Menu 35 €

restaurant-ida.com

AVEC VOTRE PARRAIN OU VOTRE MARRAINE • Pour Denny, Calabrais d'origine, la famille, c'est sacré et il vous recevra comme si vous étiez chez lui. L'Italie est bien sûr à l'honneur dans son bistrot décoré façon mini loft industriel. On commence par tremper avec gourmandise une *focaccia* moelleuse dans une huile d'olive au basilic. Les gnocchis tout ronds se parent d'une chapelure qui texturise le plat, les raviolis s'acoquinent avec de la saucisse grillée. Mais si on traverse tout Paris pour Denny, c'est bien pour goûter ses merveilleux *spaghetti alla carbonara* dans lesquelles le jeune chef a préféré la *guanciale* (de la joue de porc séchée) plutôt que de vulgaires lardons et un jaune d'œuf coulant qui vient lier les *pasta* avec beaucoup plus de classe qu'une simple crème fraîche. Sacrilège que de ne pas goûter le tiramisu à la châtaigne, en saison.

Je Thé Me

4, rue d'Alleray, 15e • M° Vaugirard
Tél. 01 48 42 48 30 • Ouvert du mardi au samedi

Menu midi 38 €

je-the-me.com

AVEC UNE CANAILLE AUX GOÛTS SÛRS • Cette ancienne épicerie fine du XIXe siècle, inscrite aux Monuments historiques, est restée miraculeusement dans son jus, tout en proposant une cuisine française sans passéisme. Rideaux, multitude d'objets chinés sur les brocantes, lampes à l'éclairage doux et nappes dressées sur les tables donnent au lieu une atmosphère incroyablement chaleureuse. Tout fait envie à la lecture de la carte : rémoulade de chou rouge et rillettes de boudin noir et pomme, tartare d'aiglefin juste fumé et mousse d'avocat, filet de julienne meunière en jus lié à la carotte et au gingembre, langue de bœuf revisitée en pot-au-feu, rognons joufflus servis avec des champignons crus et cuits et la meilleure purée de Paris ! En dessert, du classique rassurant : clafoutis, tarte au citron, fruits de saison rôtis au cidre. Belle carte des vins et service classieux.

La Javelle

Port Javel-Bas, 15e • M° Javel
Ouvre de mi-mai à fin septembre, tous les jours de midi à minuit

Demi 3,80 €, verre de vin 4 €
Menu *foodtruck* 10 € en moyenne

Facebook : La Javelle

AVEC SA TRIBU OU SON TAPIS DE YOGA • Dans cette guinguette de bord de Seine, on se sent comme à la maison, installés sur des poufs sous des parasols. Ça fait du bien dans ce coin du 15e un peu tristounet ! À la Javelle, on vient passer un après-midi, une soirée et même un week-end tant les animations sont nombreuses. Un bar, une vingtaine des meilleurs *foodtrucks* parisiens bon marché – *Eat the road* pour les burgers, *Breizh truck* pour les crêpes et caramels, le *Comptoir indien* pour des nans débordant de fromage fondu, ou encore Our, spécialiste des kebabs chic (voir page 51) –, mais aussi des spectacles pour enfants, des concerts, des cours de yoga, de salsa ou de tango. Le tout sous des guirlandes multicolores face aux clapotis de la Seine. Un conseil : envoyez un collègue réserver les meilleurs transats (au bord de l'eau) très tôt, la guinguette est de plus en plus connue.

La Vera Pizza Napoletana

45, rue Brancion, 15e • M° Convention ou Plaisance
Tél. 01 45 33 83 83 • Fermé dimanche

Prix moyen à la carte 20 €

Facebook : Guillaume Grasso La Vera Pizza Napoletana

AVEC UN PUR NAPOLITAIN • Guillaume Grasso a Naples dans le sang. La pizza comme il dit "c'est toute ma vie". Pas étonnant puisque le jeune homme fait partie d'un longue lignée de pizzaiolos napolitains. L'AVPN (Associazone Verace Pizza Napoletana) répertorie toutes les pizzerias qui respectent la tradition napolitaine : cinq pizzaiolos ont reçu cette certification en France et seulement deux à Paris, dont Guillaume. La pâte n'est donc pas conservée au frais et la pizza cuit au four à bois à plus de 400 °C pour un résultat crousti-moelleux. Elle doit d'ailleurs sentir "le bon pain chaud" en sortant du four. Lors d'un premier passage, on goûte une des classiques de la carte garnie de mozzarella *fior di latte* puis, lors d'un prochaine visite, on s'essaiera à quelques originalités comme la pizza blanche à la truffe. La vraie de vraie, elle est ici !

Le Ciel de Paris

56e étage de la tour Maine-Montparnasse • 33 avenue du Maine, 15e
M° Montparnasse-Bienvenüe • Tél. 01 40 64 77 64 • Ouvert tous les jours

Carte 40 €

cieldeparis.com

AVEC SON PROFESSEUR NIMBUS PRÉFÉRÉ • C'est au sommet de la tour Montparnasse, au plus près des nuages, que le chef Christophe Marchais officie dans les cuisines du Ciel de Paris. Cappuccino de cèpes, tourteau en croustillant coriandre et épices, magret de canard petits marrons glacés, noix de Saint-Jacques poêlées en croûte de citron de Menton sont quelques-unes des propositions du chef. La salle du restaurant est vaste et la vue panoramique sur Paris grandiose. Au moment de réserver, pensez à demander une table près des baies vitrées et avant de vous installer, offrez-vous un apéritif au bar à champagne. Cheers et bonne méditation planante (ou demande en mariage !)...

Le Drapeau de la Fidélité

21, rue Copreaux, 15e • M° Volontaires
Tél. 01 45 66 73 82 • Ouvert tous les jours sauf dimanche de 12h à 21h15

Plat 8-10 €

Facebook : Le Drapeau de la Fidélité

AVEC UN AMI DE L'HUMANITÉ • Débordant de chaleur, de simplicité et de fraternité, le Drapeau de la Fidélité – *alias* Chez Quan – arbore fièrement sur sa porte "Boire un p'tit coup c'est agréable". Et c'est vrai qu'on est heureux dans cette petite cantine ! Ouvert il y a plus de trente ans par Pham Công Quân, alors professeur de philosophie à Saigon, ce restaurant est avant tout un lieu de vie et de rencontre – ce qui n'empêche pas de bien y manger. Spécialités vietnamiennes (*bo-bun*, *phô*, porc au caramel) et petits plats bien français attirent bien au-delà des habitants du quartier les nostalgiques de la *Peace and Love attitude*.

Aquarium de Paris

5, avenue Albert-de-Mun, 16e • M° Trocadéro
Tél. 01 40 69 23 23 • Ouvert tous les jours, brunch dimanche sur réservation

Brunch : adulte 21,90 €, enfant de 5 à 12 ans 13,90 €,
enfant de moins de 4 ans 5,90 €

cineaqua.com

AVEC DES GAMINS FRÉTILLANTS • C'est face à la tour Eiffel et un bassin de huit mètres de haut (600 000 litres d'eau sont nécessaires !) que se tient le brunch dominical de l'Aquarium de Paris. Pendant que les plus jeunes profitent des animations ludiques et pédagogiques, les parents se restaurent au buffet. Boissons chaudes, assortiment de salades et des bentos au choix : le végétarien avec nouilles sautées aux légumes, fromage, pain, beurre, confiture ou le traditionnel avec œufs brouillés, saucisses, fromage. Les fruits et légumes proviennent de l'agriculture raisonnée, les pâtisseries et viennoiseries sont réalisées sur place par le chef pâtissier. La foule des gourmands se presse autour du buffet, mais le ravitaillement est permanent, il y en aura pour tout le monde, c'est à volonté ! Et surtout, on n'entend pas les enfants, bien loin et très occupés à regarder les tortues et les poissons… Ouf !

Brut

22, rue Lauriston, 16e • M° Kléber ou Charles-de-Gaulle-Étoile
Tél. 01 45 53 65 82 • Ouvert du lundi au samedi

Assiette à partir de 14 €, verre 6 €

Facebook : Cave Brut

AVEC UN HEXAGONAL CONVAINCU • Pierres, ciment et même gravier dans le petit couloir, quelques touches de métal façon style industriel constituent le décor de cette cave intimiste réchauffée par l'astucieux éclairage au sol. Pas d'assiette travaillée ici, mais une invitation pour un tour de France des saveurs tendance terroir. De la charcuterie, du fromage, du bon vin. Le triptyque parfait en somme, sur fond de musique lounge ou jazzy. Après le *lomo* et le saucisson basque du charcutier-star Éric Ospital, on savoure un vieux comté puis un livarot fort en bouche, mais le coup de cœur absolu est décerné à cette merveilleuse couronne de Touraine (un fromage au lait cru à la croûte cendrée). Pauline, la maîtresse des lieux, assure un service dynamique, mais prend toujours un moment pour vous raconter l'histoire de tous les fromages exposés sur l'immense buffet en bois. Très belle carte des vins, récitée par cœur par Jérémy, qui vous composera des accords inédits.

Le Brach

1, rue Jean Richepin, 16ᵉ • M° Rue-de-La-Pompe
Tél. 01 44 30 10 00 • Ouvert tous les jours

Prix moyen à la carte 50 €

brachparis.com

AVEC UN GLOBE-TROTTER • Les 7 000 m² de ce centre de tri postal des années 1970 furent un véritable terrain de jeu pour Philippe Starck et son imagination visionnaire. Dans ce décor sublime où l'Art déco rencontre le modernisme, le Bauhaus, et le surréalisme, on goûte les plats métissés du chef Adam Bentalha. Résolument saine, sa cuisine nous fait voyager dans le bassin méditerranéen et ses terroirs baignés de soleil, d'épices et d'odeurs d'ailleurs. Parmi toutes les créations du chef, on goûtera en priorité son houmous, son *labneh*, la tarte aux oignons, le chou-fleur rôti, en veillant à garder une petite place pour les desserts de Yann Brys.

Le Pavillon des Oiseaux

Jardin d'acclimatation, rue de la Muette, 16e • M° La Muette
Tél. 01 45 02 11 61 • Ouvert tous les jours, brunch samedi et dimanche

Brunch : adulte 32 €, enfant 15 €

lepavillondesoiseaux.com

AVEC LES TRIPLÉS • Ici, les enfants sont rois. Après avoir dévoré leur propre brunch où est servi tout ce qu'ils aiment : frites, gâteaux, jambon, tartes salées et sucreries, ils sont pris en charge pendant deux heures et assistent à des tours de magie, se font maquiller en lion ou en chat et apprennent même à sculpter des ballons. Pendant ce temps, les parents papillonnent autour des trois grands buffets bien appétissants. Un buffet consacré aux salades et aux fromages, un autre servant des plats chauds et des œufs à la commande : brouillés ou au plat ? Puis un énorme buffet de desserts avec tartes, gâteaux, une pyramide de fruits et même un maître crêpier œuvrant sur son bilig. Les enfants n'ont pas assez joué ? Monnayant quelques euros de plus, emmenez-les se défouler dans le Jardin d'acclimatation, ils devraient bien roupiller après tout cela !

Molitor

13, rue Nungesser-et-Coli, 16ᵉ • M° Porte-d'Auteuil
Tél. 01 56 07 08 50 • Ouvert tous les jours

Prix moyen à la carte 40 €

mltr.fr

AVEC LA PETITE SIRÈNE • Cette piscine mythique des années 1930 s'est muée il y a quelques années en un lieu aux multiples facettes : hôtel, spa, brasserie, bar, rooftop, galerie d'art, et piscine évidemment – il vous faudra cependant être membre du club pour avoir le droit de faire trempette. Un apéritif au solarium ? La carte propose des cocktails inédits mais également une expérience *food pairing* en partenariat avec Grey Goose. Puis, laissez faire le chef Martin Simolka. Houmous aux petits pois citron vert sumac et chips de pain, caviar d'aubergines grillées ou encore thon mi-cuit ou poulpe snacké. En dessert, si vous la voyez à la carte, jetez votre dévolu sur la tatin d'abricots au paprika fumé. Exquise ! L'évasion est garantie sur le rooftop avec une vue à 360° sur Paris.

Table d'hôte Hugo Desnoyer

28, rue du Docteur-Blanche, 16ᵉ • M° Jasmin • Tél. 01 46 47 83 00
Ouvert du mardi au samedi de 8h30 à 19h30 et le dimanche de 8h à 13h

Plat à partir de 18 €

hugodesnoyer.fr

AVEC UN OGRE GENTIL • Qui n'a pas eu envie de goûter quelques délices en faisant la queue devant l'étal de son boucher ? Chez Hugo Desnoyer, la star des bouchers parisiens qui sélectionne les meilleurs cheptels nourris à l'herbe, c'est possible ! Les tables d'hôtes en bois très épais, inspirées des billots des bouchers, sont posées dans un décor de salle à manger (lourds rideaux et livres sur les étagères), et bien éloignées de la clientèle qui patiente pour acheter tournedos et escalopes. Tartares, carpaccio, jambon cru *bellota*, foie gras ou côte de veau de Corrèze, poularde rôtie, ris de veau, bavette d'aloyau : tout est à se damner. La carte des vins est belle, et le patron, monsieur Desnoyer *himself*, parfois au service. Et voilà qu'entre deux plats arrive la confidence : "J'aurais fait cuisinier si je n'étais pas devenu boucher."

Bistrot Flaubert

10, rue Gustave-Flaubert, 17e • M° Courcelles
Tél. 01 42 67 05 81 • Fermé dimanche et lundi

Menus 23 € et 29 €

bistrotflaubert.com

AVEC UN GASTRONOME • Le restaurant de la rue Gustave-Flaubert, où Michel Rostang rendait à une époque un hommage à la cuisine canaille, écrit une nouvelle page de son histoire gastronomique. Le chef coréen Sukwon Yong aime travailler les poudres, les coquillages, les épices et les bouillons qu'il mêle à la grande cuisine française. Parmi les suggestions, on conseille les gambas à la vapeur jus de concombre et pommes granny, pamplemousse rouge et éclats de melon ou tartare de bœuf façon asiatique et ses chips de riz. En plats : *lumachine* au confit de lapin au curry rouge (superbe !), quasi de veau condiment à l'ail noir purée de carottes au gingembre ou enfin cabillaud couteaux sautés et condiment au persil. Évidemment, tout est diablement tentant mais gardez une place pour les petits pots de chocolat, ou, en été, la déclinaison de pêches en mille textures.

Bistrot Le H

60, rue des Moines, 17e • M° Brochant
Tél. 09 82 57 25 00 • Fermé dimanche et lundi

Formule déjeuner 13 €

bistrot-h.fr

AVEC UN BLASÉ DES BURGERS • On doit ce “H” à cinq copains passionnés de bons produits, de burgers et de terroir français. Mélangez le tout et vous obtenez un des meilleurs burgers parisiens au rapport qualité-prix imbattable. Ici, on rend hommage au burger et au terroir *frenchy* grâce à des recettes qui changent toutes les semaines. La star du lieu ? Le burger “H” composé d'un *bun* d'une finesse incroyable, façonné par leur ami boulanger, garni d'un *juicy* steak de Charolais, de tomates et d'une sauce secrète aux câpres et à l'estragon. Un équilibre parfait. Ajoutez à cela d'excellentes frites et une mayonnaise maison bien lisse et c'est le bonheur !

Café Dad

3, rue Marie-Georges-Picquart, 17ᵉ • M° Brochant ou Malesherbes
Tél. 01 46 22 05 21 • Ouvert tous les jours

Plat à partir de 15 €

cafedad.fr

AVEC UN FUTUR AVOCAT • C'est au pied de l'*iron flat* parisien (oui, on en a un aussi, parfaitement), non loin du futur palais de Justice, que trois jeunes hommes, Édouard, Flo et Vincent, ont ouvert un restaurant en hommage à leur grand-père qu'ils avaient l'habitude d'appeler "Dad". Les larges baies vitrées assurent une belle luminosité et les fauteuils bleu canard et orange sont confortables. Mais le point fort de la maison est sans conteste cette immense terrasse, au soleil toute la journée, parfaite pour s'éterniser jusqu'à l'apéro et enchaîner sur le dîner. Antipasti savoureux et très généreux, saumon gravlax fondant, puis tartare de bœuf coupé au couteau et frites en deux bains moelleuses et croustillantes : c'est bon et sans chichi, tout comme le magret de canard rosé lui aussi très généreux.

Esens'all

12, rue Dulong, 17e • M° Rome ou Villiers
Tél. 01 42 27 66 71 • Ouvert du mardi au samedi de 19h30 à 21h30

Menu à partir de 36 €

esensall.com

AVEC UN LECTEUR DE BAUDELAIRE • La philosophie du chef Laurent Pichaureaux ? Faire de Esens'all bien plus qu'un restaurant, le lieu d'un dépaysement, d'un "déplacement" gastronomique. Ici, on déguste à l'aveugle, trois, cinq, six, ou huit plats cuisinés à partir de produits de saison bio, en provenance directe du marché. Pour que tous les sens soient sollicités, le chef joue avec les couleurs, les contrastes, les cuissons, les associations originales, voire inédites, le tout à grand renfort d'herbes, d'épices et d'huiles essentielles glanées dans le monde entier. Ses associations sont pour le moins surprenantes : anguille marinée au soja, boulgour, herbes marines et yaourt grec, chaud froid de *mozzarella di buffala*, oignons frits et écume à la pistache torréfiée ou suprême de pintade cuit à basse température, ail des ours et roquette au wasabi. Le dessert a même l'audace de conjuguer fondant au chocolat, pousses de coriandre et graines d'anis vert.

Gare au Gorille

68, rue des Dames, 17e • M° Place-de-Clichy ou Rome
Tél. 01 42 94 24 02 • Fermé samedi et dimanche

Prix moyen à la carte 45 €

gareaugorille.fr

AVEC UNE SACRÉE LURONNE • Quel est cet endroit mystérieux ? Pas d'enseigne sur la porte, un resto tout en longueur blanc immaculé aux nombreuses petites tables en bois. Gare au Gorille (les fans de Brassens comprendront...), c'est le nouveau bistrot-gastro de Marc Cordonnier (ex-Arpège) et de Louis Langevin, son sommelier. Ils font régner à eux deux la gastronomie sur la rue des Dames. La carte, présentée façon tapas, permet de piocher dans l'ordre que l'on désire les délicieuses suggestions. Poulpe/lard de Colonnata/cresson, veau cru/anchois/topinambour, raviole de volaille/moules/échalote fumée, ris de veau pour deux et pommes darphin ou seiche à l'encre et saucisse fumée. Après le Clash, un vin pétillant naturel du Jura, on se laisse tenter par une poire au miel et pain d'épice ou par une déclinaison autour du chocolat, de la passion et éclats de cacahuètes.

Petit Gris

67, rue Rennequin, 17e • M° Porte-de-Champerret • Tél. 06 11 34 69 91
Fermé dimanche et lundi

Menu déjeuner 32 € • Plat 18 €

restaurantpetitgris.fr

AVEC UN CURIEUX • On l'a connu à la Machine à Coudes à Boulogne-Billancourt, voilà Jean-Baptiste Ascione parisien dans un quartier qui avait grandement besoin d'une bonne petite adresse bistronomique. Parquet en chêne, tables bistrot, l'endroit se la joue auberge chic. Petit Gris mode d'emploi : il faut faire son choix parmi seize suggestions classées par type (viande, poisson, *veggie* et desserts), servies sous forme d'assiette à partager façon tapas gastronomiques. L'avantage est de pouvoir goûter toute la carte. Anguille fumée et jaune d'œuf confit, divines carbonara, poitrine de porc croustillante et *pak choï* ou maquereau mariné et cuit au Josper. Les saveurs sont franches, le produit magnifié, les associations audacieuses sans jamais devenir hasardeuses. Une table qui renouvelle le genre. Superbe sélection de vins nature.

Le Wagon Bleu

7, rue Boursault, 17e • M° Rome • Tél. 01 45 22 35 25
Ouvert tous les jours, du lundi au vendredi à partir de 17h et le week-end à partir de 12h

Plat 18 €

les-saveurs-du-maquis.com

AVEC UN(E) ESPION(NE) • C'est dans un authentique wagon du mythique Orient-Express que l'on dîne ici. Plafond arrondi, boiseries, lampes orangées contrastant joliment avec le bleu canard des chaises, on se croirait vraiment dans un train, les secousses en moins. Au menu, des spécialités corses. *Buglidicci* (beignets de fromage frais de brebis corse), trilogie de tapenades, foie gras aux figues, velouté de châtaignes et *panzetta*, *figatellu* rôti puis cannelloni au fromage de brebis, magret à la Pietra ambrée, souris d'agneau braisée au miel et au cédrat. Deux minutes d'arrêt à la prochaine gare, et c'est reparti pour un délicieux tiramisu (corse toujours !) à la crème de marrons et à la liqueur de châtaignes ! OSS 117 et Mata Hari ont enfin trouvé leur cantine !

Little Nonna

12, avenue Niel, 17ᵉ • M° Ternes
Tel. 01 46 22 68 17 • Ouvert tous les jours

Formule déjeuner 19 €

littlenonnaparis.com

AVEC UN INTOLÉRANT AU GLUTEN • Little Nonna est avant tout un hommage. Celui du chef Marco à sa petite grand-mère, *little nonna*. Comme Marco aime manger sain, il a repris les recettes de son aïeule en les travaillant sans gluten et avec des produits bio. Les circuits courts et les petits producteurs ont été mis à l'honneur. Marco Casali a fait de nombreux tests pour remplacer le blé. Il travaille essentiellement avec la farine Molino della Giovanna en provenance de Lombardie pour les pizzas et avec la farine de maïs Le Veneziane (Trévise) pour les pasta. À tester absolument : la Truffissima en pâte blanche et la Ciocclato en dessert. Carrément !

The Place to...

47, avenue de Wagram, 17e • M° Ternes
Tél. 01 45 74 79 28 • Ouvert tous les jours

Plat à partir de 17 €

theplaceto.paris

AVEC UN AUTOENTREPRENEUR DÉBORDÉ • Voici une belle affaire tenue par deux passionnés, frère et sœur à la ville. Tout commence par une agréable terrasse dont les portes s'ouvrent façon portes de garage pour laisser entrer la lumière. À l'intérieur, plusieurs ambiances : un petit coin salon avec gros fauteuils club, magazines (récents !) et livres, une véranda-jardin d'hiver, un immense bar pour l'apéro et partout des recoins où certains viennent boire le fabuleux cappuccino du chef barman, d'autres travailler (le WiFi fonctionne à plein régime). Sur la carte, des plats travaillés côtoient les classiques des *diners* américains. On trouve ainsi pêle-mêle un foie gras de canard des Landes, un délicieux saumon mariné maison façon gravlax, des gambas caramélisées, un œuf poché bio et sa crème de morilles, un beau pavé de thon mi-cuit et son boulgour aux épices orientales. En dessert, un moelleux au cœur archicoulant.

CO

15, rue Esclangon, 18e • M° Porte-de-Clignancourt
Tél. 01 40 25 03 36 • Ouvert du mardi au samedi de 16h à 2h

Assiette à partir de 8 €

co18.fr

AVEC UN(E) VERY ARTY • Lieu d'échanges, de défilés, de coworking, mais également restaurant, salon de thé, l'endroit se veut multiple. Dans cet ancien entrepôt, l'esprit brocante est partout avec des éléments de décor aussi originaux qu'éclectiques comme cette panthère alanguie reprenant des forces avant un tour à bicyclette ou ce buste de femme corail posé sur une commode ancienne, face à des crânes en fil de couleur. Le passage obligé ? Le bar où le mixologue réinvente tout au long de la journée des cocktails détonnants qu'il choisira de vous servir dans une tasse en porcelaine si l'envie lui prend. On se restaure de clubs-sandwichs, filet de bœuf, poissons fumés, tarama, harengs, foie gras, *fish and chips,* mais surtout de caviar (les propriétaires fournissent la plupart des restaurants parisiens) et enfin d'une délicieuse meringue *double cream* en dessert.

L'Hôtel Particulier

23, avenue Junot, Pavillon D, 18e • M° Lamarck-Caulaincourt
Tél. 01 53 41 81 40 • Ouvert tous les jours,
brunch samedi et dimanche

Brunch 38 €, 48 € avec une coupe de champagne

hotel-particulier-montmartre.com/fr

AVEC MADAME DE • Perdu au milieu de Montmartre et noyé dans la végétation, cet hôtel particulier de style Directoire propose un brunch chaque week-end dans ses salons, ou dans son jardin si le temps le permet. Jus de fruits pressés à la commande, viennoiseries fondantes servies tièdes, boissons chaudes à volonté. La suite se veut bistronomique avec un velouté carottes et gingembre crème légère à l'orange puis une joue de bœuf façon bourguignon avant de se régaler des pancakes maison servis avec du sirop d'érable. Il est indispensable de réserver, parfois des semaines à l'avance !

La Recyclerie

83, boulevard Ornano, 18ᵉ • M° Porte-de-Clignancourt
Tél. 01 42 57 58 49 • Ouvert tous les jours

Plat à partir de 8 €

larecyclerie.com

AVEC UN(E) COOL • Ferme urbaine, atelier de recyclage, laboratoire botanique, on se sait pas trop comment définir ce lieu hybride qui a pris place dans une ancienne gare de la Petite Ceinture. Pour picorer, rendez-vous au Café-Cantine, dans la salle des pas perdus. Ici, on mange local, de saison, on dorlote les végétariens ou végétaliens et tous les intolérants quels qu'ils soient. On choisit ses *mezze*, parts de quiches ou poulet grillé au comptoir, on repart avec un disque qui se met à clignoter quand la commande est prête et on dévore le tout avec, dans la main, un p'tit rouge qui sort tout droit des cuves en inox rutilantes. Les meilleures places sont près des baies vitrées, ou l'été, dehors sur les tables le long des rails. Et avant de quitter les lieux, rendez visite à René, l'homme qui répare tout, dans son atelier de bricolage.

Marcel

1, villa Léandre, 18e • M° Lamarck-Caulaincourt ou Abbesses
Tél. 01 46 06 04 04 • Ouvert tous les jours

Plat à partir de 14 €

Autres adresses : 22, rue Montmartre, 1er • 15, rue de Babylone, 7e

restaurantmarcel.fr

AVEC UN TRADER DE LA CITY REPENTI • La perfide Albion a du bon ! Et la cuisine *british* aussi. Chez Marcel, pas besoin de traduire la carte, presque toutes les suggestions sont en anglais. En entrée, un crab cake bien moelleux relevé par une *spicy* mayonnaise, puis l'incontournable star de la maison, le *fish and chips* gourmet et sa sauce tartare, à moins qu'on ne lui préfère les *BBQ ribs* ou le *pulled pork burger* (une épaule de porc confite). Les filet de thon albacore sauce satay et pavé de saumon au miso font partie des propositions plus légères, permettant d'enchaîner avec gourmandise (certains ne viennent d'ailleurs que pour ça !) avec une *key lime pie* (tarte au citron vert), un cheese-cake et son coulis de framboise, un fabuleux *carrot cake* ou la fameuse apple pie de la maison servie avec de la crème fraîche. Ici, les expatriés repentis ont trouvé leur cantine !

Solylès

74, rue Damrémont, 18e • M° Guy-Môquet ou Lamarck-Caulaincourt
Tél. 01 42 64 33 38 • Ouvert tous les jours

Menu apéro 18,50 €

solyles.com

AVEC UNE JOLIE POULETTE • Pas de volaille dépressive élevée en batterie ici, mais du Label rouge, du fermier, du bio ! Dans cette rôtisserie nouveau style, chaque mois, une race d'exception et un éleveur sont mis en avant : l'occasion de découvrir le coucou de Rennes ou la géline de Touraine ! Derrière la façade bleue de la boutique tournent et tournent les broches où dorent les poulets, embaumant toute la rue et dont la chair s'imprègne d'un jus parfumé. Ici, vous pourrez bien sûr vous poser pour vous régaler de ces délicieuses volailles, servies avec du pop-corn ou des rillettes (de volaille, bien sûr), à faire glisser avec une bière (brassée en Île-de-France) ou un Grand Vin de Reignac vendanges 2009 au très bon rapport qualité-prix.

La Cantine Bretonne

22 bis, rue de l'Ourcq, 19e • M° Ourcq
Tél. 01 42 00 86 09 • Ouvert tous les jours

Prix moyen à la carte 20 €

lacantinebretonne.com

AVEC UN MALOUIN OU UN BRIOCHIN • C'est le nouveau spot breton de Paris. Plus qu'une crêperie, la Cantine Bretonne est un restaurant armoricain qui propose évidemment de belles galettes de sarrasin richement garnies. Les classiques sont représentées à la carte mais on vous conseille de goûter les spécialités de la maison comme la Hot Dog composée de saucisse artisanale, de comté, de confit d'oignons, et recouverte d'un filet de sauce miel-moutarde ou encore la Brocéliande avec ses pommes de terre et légumes en persillade. Carré de cochon au cidre et rôti de veau façon grand-mère se dévorent avant de succomber à la crêpe au caramel au beurre salé ou au kouign amann du Meilleur Ouvrier de France Georges Larnicol.

Le Pavillon des Canaux

39, quai de Loire, 19e • M° Laumière
Tél. 01 73 71 82 90 • Ouvert tous les jours, brunch samedi et dimanche

Salades 9 €, petit menu : 3 tapas 9 €

pavillondescanaux.com

AVEC UNE FREE-LANCE GOURMANDE • Non, vous ne rêvez pas. Cette petite maison et ses pièces joliment décorées ne sont pas le cadre d'un film sur la vie rêvée des Parisiennes, mais un café où il est possible de picorer de belles grosses salades fraîches, tout en travaillant sur son ordi un après-midi entier. Le soir, l'ambiance est plutôt à la discut' autour de tapas bien travaillées. Tout au long de la journée, des gens passent, seuls ou accompagnés, pour refaire le monde ou un business plan en cours. On peut aussi y prendre des cours de cuisine, assister à un concert ou à une soirée littéraire, ou pour les enfants, apprendre à dessiner des mangas. On est bien, il fait bon, c'est Paris… et mieux encore.

Simonetta

32, quai de la Marne, 19ᵉ • M° Ourcq
Tél. 01 42 81 32 63 • Ouvert tous les jours

Prix moyen à la carte 30 €

simonetta-paris.com

AVEC UN PIZZA-MANIAC • Imaginez une trattoria, idéalement située au bord du canard de l'Ourcq, dans laquelle on pourrait siroter un délicieux Spritz en terrasse avant de s'attaquer à une énorme pizza napolitaine. C'est l'expérience que vous propose Simonetta, une pizzeria à la situation géographique exceptionnelle, au calme incroyable. Bresaola, burrata des Pouilles, jambon cru affiné 11 mois, filets de thon marinés se partagent en entrée avant de goûter la pizza. Réalisée à partir d'une farine bio qui a reposé deux jours pour un résultat des plus digestes, elle est richement garnie puis passe se dorer la pilule 55 secondes au four à bois napolitain et pas une de plus. Les pizzaïolos veillent au grain ! La Mattanza aux zestes de citron bio et la Mortazza au pesto de pistache nous ont ravis.

Tintamarre

80, avenue Jean-Jaurès, 19e • M° Laumière
Tél. 01 44 52 01 63 • Fermé dimanche et lundi

Prix moyen à la carte 30 €

tintamarre.paris

AVEC UN AMI À RÉCONFORTER • À deux pas du parc de La Villette, une devanture jaune à petits pois blancs interpelle. Chaises de bistrot libanaises, chinées et restaurées, mobilier contemporain en bois recyclé et luminaires années 1950, Tintamarre mélange la culture occidentale à l'héritage levantin, dans la salle et dans l'assiette. Gabrielle, ancienne architecte d'intérieur, a été bercée par la Méditerranée. En créant une cuisine qui raconte les saveurs d'Orient, elle veut partager ses souvenirs, les couleurs et le soleil de son enfance. *Labneh*, houmous, pita, croquettes, il faut commander le plus de plats possibles et tout mettre au milieu de la table. Ne pas manquer le *fatteh* de pois chiches et son yaourt à l'ail, sa moussaka libanaise et le *mouhammara*, une pâte de poivrons grillés aux noix. Réconfort assuré.

Zoé Bouillon

66, rue Rébeval, 19e • M° Pyrénées
Tél. 01 42 02 02 83 • Fermé dimanche

Menu midi à partir de 12 €

zoebouillon.fr

AVEC UN ZIVA ASSAGI • Elle est rassurante cette cantine de quartier avec son look de “bistroquet”. Ici, on met des “z” partout. En plats “zalés”, l’équipe propose des soupes chaudes *veggies* aux lentilles roses d’Égypte, des chilis de bœuf aux haricots noirs, des pâtes à la fondue de poireaux, des cakes roquette parmesan, des gros légumes confits accompagnés de fromage blanc battu ou une salade de quinoa à l’orange. À emporter, on opte pour le sandwich chaud composé d’une galette berbère au saumon fumé (maison, le fumage !), de chèvre frais et d’aubergines grillées. Côté “zucré”, un cake aux quatre-épices et beurre salé, une fine semoule à la fleur d’oranger ou un blanc-manger tout rouge à la prune. Les prix sont serrés, et les serveurs zuper zympas.

Aux Troubadours

70, boulevard de Ménilmontant, 20e • M° Ménilmontant
Tél. 01 47 97 21 08 • Fermé lundi

Carte 45 €

AVEC UN DAMOISEAU OU UNE GENTE DAME • Oyez, oyez ! Remontons le temps, direction le Moyen Âge dans un décor digne d'une brocante avec fauteuils tapissés, lyres et violes accrochées aux murs. Aux commandes de cette taverne d'un autre siècle sur fond de musique baroque, un homme passionné, Patrick, qui épate par sa connaissance du Moyen Âge. Essayez de le coller, c'est mission impossible. Et entre deux lectures de grimoires, il élabore des recettes de viandes mijotées pendant des heures (parfois jusqu'à quinze heures !) à grand renfort d'épices. Soupe de poisson à l'orge et confit de veau aux gombos sont deux de ses plus grands succès. Coquebert, paillard, gueux, baronnette et menuaille, tout le monde est le bienvenu, mais pensez à réserver !

Café Jeux Natema

39, rue des Orteaux, 20e • M° Alexandre-Dumas ou Maraîchers
Tél. 01 43 73 75 25 • Ouvert du lundi au vendredi, de midi à 14h30

Entrée 2-4 €, plat 6-8 €

AVEC UNE COPINE FORMIDABLE • Incroyable endr oit que ce café-ludothèque où des dizaines de boîtes de jeux et une console sont à disposition des enfants qui peuvent venir ici seuls. Des ateliers créatifs et des concerts y sont organisés chaque semaine. Mais le charme de ce lieu associatif tient aussi aux petits plats tout frais qui sont préparés tous les jours par le chef en titre : velouté aux lentilles corail, fritures de petites sardines, bœuf bourguignon, lasagnes courgettes fromage de chèvre. C'est délicieux, pas cher et très gentiment servi. Parfait pour une pause confession ou un lâchage de fauves de moins de huit ans à l'heure du déjeuner...

Plantxa

58, rue Gallieni, 92100 Boulogne-Billancourt
M° Porte-de-Saint-Cloud ou Marcel-Sembat
Tél. 01 46 20 50 93 • Ouvert du mardi au samedi

Entrée 12-14 €, plat 20-26 €

plantxa.com

AVEC UN ESTHÈTE • Juan Arbelaez qui s'est fait connaître du grand public par sa participation à l'émission culinaire *Top Chef* en 2013 a passé la main. Depuis, c'est son second, Maximilien Kuzniar, qui régale les habitants de Boulogne-Billancourt (et les autres) dans ce bistrot où le décor mêle art contemporain et *street art*. La salle est colorée et ça swingue dans les assiettes : épices, herbes aromatiques, jus, piments, chaque plat surprend, étonne. Les crevettes sont préparées en ceviche, le maquereau à l'escabèche, le saumon est cuit basse température, et la poitrine de cochon est laquée. Les assiettes sont de véritables tableaux colorés et les associations audacieuses. Une cuisine mise en valeur par des accords mets-vins inédits, orchestrés par le second sommelier du George V, Mickael Groux.

Miroir

Hôtel Meliá • 2, esplanade du Général-de-Gaulle • 92400 Courbevoie
M° Esplanade-de-La-Défense • Tél. 01 75 57 99 00
Fermé samedi et dimanche midi

Carte à partir de 30 €

AVEC SON COUSIN, RH À LA DÉFENSE • L'hôtel Méliá vient de sortir de terre, et voilà que son restaurant ravit déjà les gourmets en costume. Le chef, espagnol et fier de ses origines, propose en entrée un sublime jambon *bellota* qui tapisse le palais de sa douce graisse. Le maigre se déguste en ceviche plein de pep's, accompagné d'une purée de panais et de quelques pousses d'épinard. Foie gras maison, salade de gambas oseille guacamole ou magret de canard mariné et sa compote de tomates au gingembre sont aussi de la partie. Puis le cochon de lait confit et archifondant fait son apparition, en même temps qu'un risotto d'asperges œuf coulant et flocons de parmesan ou qu'un dos de cabillaud cuit basse température et accompagné de coques en gelée. Si la banane rôtie ou la glace au fromage blanc vous font de l'œil, sachez que le riz au lait caramélisé est sublime.

Issy Guinguette

113 bis, avenue de Verdun, 92040 Issy-les-Moulineaux • RER C Issy
Tél. 01 46 62 04 27 • Fermé samedi et vendredi

Menu midi 27 €

chemindesvignes.net/restaurant-issy-guinguette

AVEC UN IMPRESSIONNISTE DES TEMPS MODERNES • Au bord de l'eau, au cœur des vignes et pourtant à deux pas de Paris, c'est à Issy-les-Moulineaux que se niche cette guinguette. On déjeune au milieu d'un vallon de verdure : l'été, sandales et canotiers sont de rigueur ! Mais cette adresse champêtre ne jouit pas que d'un beau décor, l'assiette vaut aussi le détour, avec des plats précis et toujours originaux. Terrine de campagne de cochon fermier au poivre vert en entrée, ou à la belle saison panna cotta de mozzarella tomates d'antan à la mélisse du jardin et chips de lard. On fera suivre par un fondant de veau moutardé en persillade et jus de viande à la sauge du jardin ou un filet de canette grillé sauce cerise. En dessert, place aux fruits avec une pavlova vanille abricot au miel ou smoothie de melon charentais pour finir sur un air de vacances ce déjeuner sur l'herbe.

Sébillon

20, avenue Charles-de-Gaulle, 92200 Neuilly-sur-Seine • M° Porte-Maillot
Tél. 01 46 24 71 31 • Ouvert tous les jours

Carte à partir de 30 €, menu midi 45 €

sebillon.com

AVEC MAMIE OU LE PETIT NICOLAS • Vieille institution de 1914, la maison Sébillon est une brasserie typiquement parisienne qui cultive l'art de bien recevoir depuis un siècle. On y retrouve tous les codes de la brasserie : les tables nappées, les grosses banquettes moelleuses, les serveurs en noir et blanc. L'immense salle est intelligemment découpée en plusieurs petits salons, on se croirait presque dans une vieille maison de famille bourgeoise avec lustres, petites lampes diffusant une lumière orangée, moulures au plafond et statues. Sur la carte, du classique de brasserie : escargots, os à moelle, foie gras, langue de veau, puis rognons, bœuf et sole meunière, mais on vient surtout chez Sébillon pour le gigot d'agneau Allaiton de l'Aveyron, servi à volonté et découpé en salle. L'ambassadeur de la maison est parfaitement cuit et proposé avec les traditionnels lingots. On clôt le repas par les profiteroles maison préparées minute.

Ma Cocotte

106, rue des Rosiers, 93400 Saint-Ouen • M° Porte-de-Clignancourt
Tél. 01 49 51 70 00 • Ouvert tous les jours à partir de 9h

Carte à partir de 17 €

macocotte-lespuces.com

AVEC LOUIS LA BROCANTE • Enfin une bonne adresse au cœur des puces de Saint-Ouen qui ont bercé l'imaginaire de Philippe Starck, à qui l'on doit le décor. Pas vraiment un restaurant, plus qu'une cantine chic, Ma Cocotte est une vraie maison avec cuisine ouverte, salon, salle à manger, bureau et terrasse, le tout dans un grand duplex industriel fait de zinc et de brique dont les façades sont dissimulées sous du lierre. On s'y sent bien donc. Et l'on y mange bien ! Bol de soupe de légumes comme chez Mamie, foie gras, carpaccio de betteraves et son œuf mollet parfait, parmentier de joue de bœuf archifondant. En dessert, on ose la crème au citron acidulée façon tarte au citron revisitée avec un *crust* éclaté au sommet. Entre les plats, on admire le décor : un vrai bazar fait de codes détournés et d'associations improbables. Ne manquez surtout pas d'aller faire un tour aux toilettes avant de partir !